子どもが発言したくなる!

対話の技術

筑波大学附属小学校副校長 田中博史

学陽書房

はじめに

新しい学習指導要領では、「主体的」「対話的で」「深い学び」について、しつこいぐらい強調されています。でも過去にも算数嫌いが多いとか、受け身になってしまう子どもが多いという問題点は繰り返し指摘されていて、教育改革のたびに取り上げられてきたのに、未だに「主体的」な学びについては課題のままです。

なぜ、子どもたちは主体的になれなかったのでしょうか。

それは目の前の教師が変わらないからです。

相変わらず「説明したがり」が多い、教師という職業の欠点。懸命に説明すれば子どもはわかる、という思い込み。授業のたびにすっきりしているのは実は教師だけで、子どもはまったく聞いていなかったという現実を、テストのときに突きつけられて愕然とするのです。

そろそろ私たち教師が変わりましょう。同じことの繰り返しに気がつきましょう。「対話的」な学びについても同様で、これまでも授業では、子ども同士に対話はさせてきたはずです。子どもだけで話し合いをするのがよいと思った教師は子どもに司会もさせて、教師はずっと引いて任せっぱなし。いや、本人たちは「見守っている」と言うのでしょうけれど。

少し落ち着いて見つめなおしてみると、「主体的」な学びを考えたときの問題点とは真逆で、ここには積極的に介入する教師の姿が見えてきません。教師が懸命に仕切ってきたときでさえ成果が出なかったのに、コーディネート役を子どもに任せて本当に成果が出るのでしょうか。

一度子どもの話し合いをよく聞いてみてください。形式的に話しているけれど、参加しているのは一部だけ。友だちの話をよく聞いていない子がいたり、ときには課題さえよく理解していないままぼんやりしている子もいる。こんな姿が気になりませんか。

形式だけを学んでいても本当の理解につながらない、子どもたちに任せっぱなしでは学びは深まらないという反省に立ち、「深い学び」をもう一度考えるのです。説明したがりの教師の存在、子ども同士の話し合いになったら任せっきりの教師の姿。この２つの大きなギャップに課題があるのではないかと私は考えます。

最近、若い先生のいろいろな授業を観ていて、もしかしたら、関わるべきところと、任せるべきところの価値観が逆なのではないかと思うようになりました。

話し合いになったときに、まずは教師がきちんと交通整理をしてみましょう。本当に司会として役に立つ整理が、大人はできているでしょうか。見直してみてください。

子どもに正対し、子どもの話をちゃんと聞いて、今は何が話題になっているのか、それは授業の課題と本当につながっていくのか、話している子だけではなく、聞いている子がちゃんと自分の問題として参加しているのかを考える。

そうすると司会の役割がいかに大変か、最初から子どもだけで行うことにどれだけ無理があるのか、すぐにわかるでしょう。まずは教師が対話の見本となるために、積極的に関わります。このとき内容の解説は行わないで、課題に関することだけを話題にするというように、自分で自分にルールを課すといいでしょう。

つまり「めあて」の確認を、教師は意識して節目、節目に行うのです。子どもたちの話し合いは刻一刻と話題が変わっていくのでついていけない子どもも多いのですから。「めあて」の小刻みな変容が意識されれば、今、現場で形式的に強いられている「めあて」と「まとめ」の扱いが、ただそれを教師が書くだけではどんなに無意味かわかってくると思います。

授業のスタートの「めあて」と最後の「まとめ」だけを意識することは、これまでもさんざん行われてきました。「めあて」と「まとめ」が一致しているなんて当たり前のことです。

学力テストの反省のポイントに挙がった途端、みんなが今さらのように同じことを言い、それを実現すれば成果が出ると思っているほうが不思議です。それだけでは実はまったく変わっていないのです。

今回の学習指導要領の改訂では「振り返り」もキーワードに挙がっていますが、私は授業の最後にだけ振り返るのではなく、節目に「変化しためあてを確かめること」も意識してほしいと思っています。遅れがちな子の参加度を上げていくことに振り返りの視点が役立つと思うのです。

本書には、こうしたいろいろな視点からの「変わる」ポイントをたくさん詰め込んでみました。共通するのは、これまで当たり前だと思っていたことについて、私たち教師が一度、落ち着いてそれこそ振り返り、成果が出ていない方法については方法そのものを疑ってかかることです。

私たちが変われば子どもも変わる。

どのように変わっていくとよいかは、目の前の子どもの姿によって実感を味わいながら、その方法を変化させていけばよい。そんな柔軟な姿勢による改革こそ、未来を生き抜いていく子どもたちのための授業づくりの改革になると信じています。

田中 博史

もくじ

第1章　主体性を育てる

第2章

深い学びにつなげる

第3章

対話力を磨く

第4章 対話の授業の進め方

第1章

主体性を育てる

まず教師が長々説明するのをやめる

▽そもそも教師と子どもはズレている⁉

私の知り合いの図工の先生。むかしむかしの先生ですけれど、とても説明が丁寧な人でした。図工の授業では作品をつくることも多いので、始める前に完璧な指示を出そうとします。でもその時間が長いのです。

「まず、これを貼るでしょ。そしてこれを分けて、左右の色を塗って……」と説明が始まります。子どもたちは「早くやりたいなぁ」と思いながら聞いています。

ひと通りの説明が終わると「質問はない？」と先生。すると、子どもたちは聞き疲れたのか、なんだかボーっとしています。その顔を見て不安になった先生は言います。

教師　じゃあ、もう一回言うよ。

また一から説明が始まります。しかし、子どもは長い説明やしつこい説明が好きではありません。始めからちゃんと聞いていた子は「えっ、また聞くの？　早くやらせてほしいなぁ」と思いながら、ガマンしてもう一度聞くことになります。

教師　ハイ、ではつくり始めましょう。

ようやく作業がスタートしました。すると5分もたたないうちに、ある子どもが先生のところにやってきます。

子ども　先生、これ貼るの？

その反応に、先生は「あれだけ説明したのに……」とイライラします。

でも、子どもは実際に動き出さないと自分の問題として捉えられないので、説明中に質問なんてできません。手を動かして初めて「どうするんだっけ？」となるのです。子どもってそういうものだと思って付き合わなければなりません。

子どもが、最初の説明をすべて理解するものだと思うのは、大人の大きなカン違い。それをわかっていれば、おのずと授業の進め方も変わってくるのではないでしょうか。

教師は自分の発言の影響力に気付こう

▽教室全体に向けて話しているか

「授業中に、子どもたちのつぶやきをちゃんと聞いて、それに対応するように」

教師はよくこんなふうに指導を受けます。ここでいう「つぶやき」とは、挙手しないで座ったまましゃべることです。

たとえば、ある子どもが「先生、これって8ページからやるんですか?」と座ったまま質問したとします。教師は黒板に向いて何かを書きながら、「ああ、やっていいよ」と答えます。この子どもと教師の間ではやりとりが成立しています。

ところが、教室には他の子どもたちもいて、なんとなくそのやりとりを聞いています。

子ども１　えっ、何をやっていいって？
子ども２　今、何の話だった？
子ども３　私たちに関係あるの？

他の子どもたちは不安になり、隣の人をつついて教室が騒がしくなり始めます。
ここで教師が「はい、静かにして！」と一喝することに……。よくある光景ですよね。

……なぜ今、こうなってしまったのでしょうか。
教師は「８ページからやるんですか？」という会話を、もう済んだことだと思っていますが、他の子どもたちはよくわかっていませんでした。当然、質問が出てきます。

子ども　先生、８ページからやるんですか？
教師　その話、さっきしたよね。
子ども　えっ、したんですか？
教師　友だちの質問も、自分の質問と思って聞きなさい。

たしかに教師の言っていることは正論です。しかし、よく思い返してみてください。
最初の子どもの質問に、教師は教室全体に向けてちゃんと答えていたでしょうか。

▽個人に話すときは、最初に名前をつけよう

もし、質問した子ども個人に話すのなら、最初に名前をつけることです。

「ヒロシ君、それでいいよ」と言えば、他の子どもたちは「今は、ヒロシ君に言ったんだ。私には関係ないんだな」と安心するでしょう。

でも、しばらくして再び「ねえ、先生、8ページからやるの？」と子どもたちから同じ質問が出たら、「そうか、この質問は複数の子から出てくるんだな」と気付くはずです。

そのときは、対応を変えなければなりません。

教師　はい、ちょっとストップ。8ページの図のところで質問したくなる人が何人かいるようだから、みんなにお話するね。

と言えば、伝わりやすさは格段に上がります。

▽教師が背中を向けた瞬間に本音が見える

話をするときに自分の気持ちよさだけで進めると、子どもたちと理解の「ズレ」が生じ

ていることに気付きません。教師と子どもとの間にズレが生じたときは、たいてい教室がざわざわします。

騒がしくなるのは、先生が子どもたちに背中を向けたときです。子どもと向き合っているときにはそこまで騒がしくはなりません。背中を向けた瞬間、子どもたちはチャンスとばかりに「どうするの？」「わかる？」「えーわかんない」と騒ぎ始めるのです。

ところが、自分が後ろを向いたせいで騒いでいると思っていると、「はい、静かにしなさい」と注意するだけになります。せっかく子どもたちから出ている信号を、キャッチできずスルーしてしまうのです。

子どもの本音は、教師が背中を向けた瞬間に見えるものです。それは何なのか。騒がしくなったときが子どもの本音を確かめるチャンスです。

大人と子どもの「5分」はちがう

▽ぎりぎりまで待つ

私の勤める小学校では、子どもたちは体操服で1日過ごし、夕方は制服に着替えて帰ります。特に低学年の子どもたちは、着替えるのにとても時間がかかります。だらだら遊びながら着替えているので、教師はいらだって「いいかげんにしなさいよ。あと何分かかるの！」などとやっています。

こういうとき、私の場合は「もうガマンできない、あと何分かかるの！」と言おうと思うところまでは黙っていて、そこから5分間仕事をつくって教室からいなくなります。たとえば印刷室まで行って、学級通信を印刷して戻ってきます。

戻ってきたら、教室が別世界になっています。どういうことかというと、**子どもに比べて、大人の時計の進み方のほうが5分早いということなのです。**5分間子どもに与えれば、ちゃんと教室が静かになる。それに気付くと、子どもたちに任せることがおもしろいと思えるようになります。

ただし、ガマンできなくなるギリギリのところまでは教室にいなければなりません。「いつもなら、ここで叱るところだな」と思ったときに、5分間わざと仕事をつくって消えてみるのです。

▽仕事に集中すればイライラが消える

その時間に、日記を読んでいたこともあります。毎日40人の子どもの日記に赤ペンを入れて、その日のうちに必ず返します。いっぺんに40冊を読むのは無理なので、朝、子どもたちが来た順に提出させて、最初の10人はそのときに読む。10人読んだら時間があっても子どもと遊びます。次の10人は中休みのスタートで読む。次の10人は給食準備でイライラするときに読む、というふうにやっていくのです。

仕事に集中すると、自然にイライラは消えていきます。そして、おもしろいことに「先生、まだ?」「もう準備ができたから『いただきます』をしたいんですけど」と子どもたちから言ってきます。すると「まだ2冊残ってるのになぁ」と思うようになります。

夕方の着替えのときも、ガマンできなくなるところまで見て、そのあとに日記を10冊読んでいました。そうすると、子どもの着替えのほうが早くなっていくのです。

子ども　先生、帰りのあいさつをしたいんですけど。

田中　ごめん、あと4冊あるから待ってくれる?

そして、子どもたちに日記を返すときにほめました。

田中　いつもは10冊読めるのに、今日は6冊しか読めなかったよ。着替えが早くなったなぁ。

翌日から、子どもたちは先生を困らせようとしてこれみよがしに早く着替えを終えるようになっていきます。私が読める日記の冊数もどんどん減っていきます。まさに好循環です。

▽声かけひとつで楽しむようになる

「先生が読む日記の冊数を少なくしよう」と思って着替え始めた子どもたちには、主体

性が出てきます。「早くしなさい、タイムを測るよ」というのとはまったく違うのです。

声かけひとつで子どもたちは着替えを楽しみにするし、教師のほうも「私は日記を10冊読む時間が待てなかったんだ」と自分の今までのありように気付きます。

ギリギリまで待つのは、イライラをためないと新しい境地に行けないからです。その先の5分は結構長いのです。大人は、待ちきれなくなってしまうのです。

授業中でも、「今から1分間考えてもらいます。ハイ」と言って待ちますが、1分を待てる教師はいません。

だから教室にキッチンタイマーのような

ものを持ちこむ先生が増えたのですけどね。それくらい待てないのです。

子どもたちが時間より前に騒ぎ始めたら、「ごめん、1分いらなかった？」と聞けばいいだけです。まだ考えている子どもがいたら、「もうちょっと時間いるかな？」と聞けばいいのです。**子どもの様子を見て、対応を変える教師の姿を見せなければいけません。**

そうすれば子どもは「もうちょっと時間をちょうだい」とか「先生、もういいよ」と自分のすなおな気持ちを言えるようになります。この雰囲気が、授業で「先生、そこから先は自分で考えるよ」と言える子どもを育てていくのです。

動き出した子どもを止めるのはもったいない

▽「静かにしましょう」を言わなくてすむ技術

先日、私の学校で音楽会が開かれました。

プロのオペラ歌手が、全校生徒の前で歌ってくれたのです。オペラというのは大人もそうですが、子どもたちにとって聴き慣れない音楽です。最初はいいけれど、子どもが２時間も静かに聴いていられるわけがありません。

「ハッハッハー♪」という歌手の高い歌声を聴いたら、子どもたちは真似したくなって「ハッハッハー♪」とやってしまいました。当たり前ですよね。

この日の司会は、参加していたオーケストラの一員で小学校教師の経験もある人でした。

子どものことをよく知る人に、司会を頼んだのでしょう。ところがこの人が子どもに向かってたびたび注意をするのです。

「はい、静かにしましょう！　静かにしないと次の曲が演奏できませんよ」

オペラを聴いて、子どもが「ハッハッハー♪」と歌手の真似をしたのは、音楽の世界に興味を持ったということ。**なぜ、そこで「静かにしましょう」と子どもの動きや好奇心を止めてしまうのでしょうか。**

たとえば、その場面で「へー、声が出したくなったんだね」と受け入れ、「みんなはどこまで高い声が出るかな？」とたずねていたらどうなっていたでしょうか。

「じゃあ、やってみよう。まず、このお姉さんの声がどこまで高く出るか聞いてみようね」こんなふうにオペラ歌手の声を聴かせたあとに、子どもたちに歌わせてみるとどうでしょうか。参加型の授業ができたはずです。これなら子どもたちも退屈しないでしょう。

▽すなおな反応や動きを止めない

どんなときでもそうですが、自分たちの都合や予定ばかり優先する大人には、子どもの興味や変化が見えません。

子どもが声を出して歌ったのは、見事に音楽が届いたということです。せっかく子どもが前向きになっているのに、その火を消すのはもったいない。

子どもが反応を示したときには、動きを止めるのはもったいないと考えられるようになるといいと思います。

子どもの反応は、とてもすなおで無邪気です。

ある小学校の朝会に出席する機会があって、その学校の校長先生の話を聞いていたときのことです。

校長　みんなは、夏休みにどんなことをして過ごしたかな？

こう聞かれたら、子どもたちはしゃべり始めるに決まっています。

子ども1　あのね、キャンプに行ったの。

子ども2　田舎に行って、虫とりや海水浴をしたよ。

ががやがやと子どもたちの話は止まりません。すると、その校長先生が言います。

校長　はい、静かにして！

「静かにして」と言うけれど、その原因をつくったのは校長先生あなた自身です、と思わず言いたくなりました（笑）。

なぜこんなことが起きるかというと、普段、話しかけても答えを返さない大人を相手にすることが多いからでしょう。相手が反応しないことが前提なので、逆に元気に反応されたら困ってしまうのです。

私の学校の校長は、全校朝会で子どもを参加させるようなことを安易に言うとどうなるかわかっているので、そういうたずね方はしません。

「夏休みは楽しかったと思うけど」と言って、いったん止めて次の話題を振ります。にぎやかな方向に持っていきたいときには、「先生は夏休みにこんなことをしたんだよ」と話してから、子どもたちに「自分の楽しかった思い出を、お隣の人と話してみよう」と振ってみます。

「せーの！」で話をさせて、子どもたちが楽しい気分を味わったら、また「せーの！」で戻すのです。教師から質問しておいて、子どもの動きを途中でさえぎるようなことをしなくてすむように、心がけたいものですね。

お行儀のよい子どもは本当に考えている？

▽教室の重い空気を変える方法

私は日本中、いろいろなところに行って飛び込み授業をしています。

中には、子どもたちが発表することをこわがっていて、空気がどよんとしている教室にも出会います。でも、教師の向き合い方次第でそんな空気は5分で変わります。

ある日の授業。

私が持っていたのは「0」から「9」までの数字が1つずつ書かれたカードです。授業の最初にこのカードを、黒板に貼っていきます。1枚だけ忘れたふりをして前を向き、「ハイ、これで0から9まで全部そろいましたね」とやってみます。

すると、子どもたちは顔を見合わせ、ボソボソと小さな声で相談しています。

子ども１　１枚足りないよね。

子ども２　教えてあげたほうがいいんじゃない？

それでも私は続けます。

田中　どうしたの？　０から９までの数字を読むよ、ハイ。

モゴモゴして声が聞こえません。「どうして声を出さないの？」と、私は前を向き、わざと黒板を見ないようにしています。子どもたちは「ツッコんでいいのかな。それとも先生が忘れているだけなのかな？」と様子をうかがっています。

田中　どうしたの。もう一回やるよ。君たち、数字が読めないの？

そこまで言うと、子どもたちの中からようやく声が上がります。

子ども１　先生、数字は読めるけど、１つ足りません。

田中　え、足りない？　どこ？

子ども２　そこそこそこ！

田中　どこなの？

そうすると、黒板の前に出てくる子どもが必ずいます。

子ども3　ここです！

そこで私は「ありがとう。先生忘れっぽいからなぁ。今日はこうして時々先生にも教えてね」と伝えるのです。「この先生には自由に言っていいんだ」と学ぶと、そのあとからは私のボケにもツッコミを入れてくれる子どもがたくさん出てきます。

お行儀よく受け身になっていた子どもたちが、自分でちゃんと考え、道筋をつくろうとし始めます。勉強の仕方が変わるのです。

▽子どもの積極性をうばわない

子どもはもともと受け身でいるより、自分で動いていくほうが好きなのです。それなのに、お行儀よく黙って受け身になっているのは、教師のつくったルールのせいです。なんでも自分で説明をしたいタイプの教師は、子どもたちが途中で口をはさんでくることをゆるしません。

「黙って聞きなさい。今、あなたたちは先生の話を聞く時間ですよ！」

こうして、日本の子どもたちはどんどん積極性を失っていきます。特に高学年になると教室がどよんとしている確率は高くなりますが、それは子どものせいではありません。なんでも自分で説明したがる教師、完璧に自分の予定通りに授業を進めようとする教師が、子どもの積極性をうばっています。そのやり方では子どもが受け身になるのです。原因がわかると、子どもに対する向き合い方が変わります。

▽でも、そうはいっても、学習規律はある程度必要？

たしかに、集団で学ぶのだからルール（規律）は必要です。でも、落ち着いて考えてみましょう。そのルールは子どもたちが大人になってからも使うルールですか。彼らが人として生きていくのに大切なものですか。

もしかしたら、教師が楽をするためのルールになっていませんか。それを彼らが大人になっていくのに伝えておかなければならない大切なものだと判断しているのなら、自信を持ってやっていいと思います。

その上で、あらためて次のことを考えてみてください。そのルールやマナーの縛りが、子どもたちの思考力育成の邪魔になっていないかという視点です。

子どもは不安なときには、語尾まではっきりと言えません。それなのに、どんなときにも「語尾まではっきり言いなさい」と言っている先生たちが、実は研究会で発言させられると語尾を誤魔化してしまう方が続出しているという事実に気付いてますか。

こうした言葉の使い方は、調べたことを整理したあとで発表するとき、つまり思考することを終えたあとに教えるとよいと私は思います。思考の最中は大人でも行ったり来たり、しどろもどろになったり、口ごもったりするものです。

ポイントは、子どもたちの持っている力を引き出すために今伝えているルールやマナーが本当に役立っているのかを、大人がちゃんと考えつづけることです。

少し遠くから子どもを見守る

▽トラブルが解決するまで待つ

学校生活に、子ども同士のトラブルやケンカはつきものです。

そのとき教師に必要なのは、よほどのことでない限り「待つ」ことです。 ちょっとしたトラブルを目にすると、待つことができずすぐに介入してしまいがちですが、トラブルの先には子どもたちなりのゴールがあります。いったん解決するまでは放っておきましょう。

実は、トラブルというのは教師の見ていないところでも毎日起きています。やんちゃな子どもたちがそろっているのですから、彼らの休み時間が平和なはずはありません。それでもチャイムが鳴ると、ちゃんと解決して席に戻ってきているでしょう。

▽子どもの世界には、子どもなりのルールがある

休み時間、鬼ごっこをしていた子どもたちのグループに、遅れてやってきたA子が「入れて」とお願いしています。でもB子は「いやだ。明日にして」ときっぱり断っています。（おやおや、どうしたんだろう）と思って私が見ていると、別のグループのC子が、「先生、しかっちゃだめだよ。Aちゃんはいつも教室でのんびりしていて、遅れてくるの。それでこんなふうにあとから入るんだけど、そのたびにもう一度鬼を決めなきゃいけないからみんなが嫌がってるの」と説明してくれました。どうやら、私が介入してB子が怒られるのはかわいそうと思ったらしいのです。

子どもの世界には、ちゃんとトラブルの原因があって、実はまわりの子はその事実を知っています。今回のようにこうして説明してくれる子がいるときはいいほうで、多くの場合、その事情は教師には伝わっていません。

私はこのあとA子を観察して、何も知らない素振りでそっと「どうしたの？」と話しかけます。「入れてもらえなかった……」と言う彼女に、試しに「ふーん、B子ちゃんはそんなに悪い子なんだね」と言ってみました。するとA子の顔色が変わります。「ううん、

いいの。私も悪いの」と一言。この会話、もしも私がC子からの話を聞いていなかったら意味がわからなかったでしょう。

子どもの世界にはちゃんと子どもなりのルールがあり、バランスはとれている。大人が下手に関わると人間関係を学ぶチャンスを失うことになります。ちいさなちいさな鬼ごっこのときのトラブルですが、子どもたちはその原因を双方ともちゃんと知っていたのです。

ちなみに、このあとB子は私がA子に話しかけたのを見て、心配そうに話しにきました。「私、悪いとは思ったんだけどね……」と。私はそれを制して「いいんだよ。君たちの中に悪い子は1人もいないのを先生はよーく知っている。A子はね、あなたのことを悪く言っていないよ。自分が悪いって言ってたよ。明日はさぁ、出発するとき遅れないでと一言声をかけてあげるとうまくいくかも」と伝えると、にっこり笑ってかけて行きました。

「見守る」という言葉には「守る」がついています。「見る」だけでもだめ。関わりすぎてもだめ。私たち大人のバランス感覚が試されているといっても過言ではありません。考えて子どもと接していきましょう。

Column 01

わかったふりをしない教師こそ誠実

子どもの話をスルーしない

子どもと会話するときにやってはいけないこと。それは、子どもの話をスルーすることです。自分にとってよくわからない話が出たとき、「へえ、いいね」などと適当に言って、「他はどうですか?」と進めていないでしょうか。

そう言われた子どものほうは「先生はわかってくれなかった」「自分の意見はスルーされた」とがっかりしてしまいます。私はわからないときには、こう答えます。

田中　どうしてそんなふうに考えたの?

田中　先生にたずねたいのは、こういうこと?

本当はわかっていないのにわかったふりをする大人が子どもは嫌いです。だから、ちゃんと返されるほうがよほど嬉しいのです。

「わからない」のは失礼じゃない

子どもの質問の意図がわからなかったときには、もう一度確かめましょう。

「ごめん、今の質問、よくわからないんだけど……」

これが対話の姿勢です。そうすると、子どもたちの中から「先生、私はわかるよ」という子どもも出てきます。「すごいね、教えて」というやりとりにつながり、子ども同士で共感し合えることもあります。

わからないときに「わからない」と言うことは決して失礼ではありません。わかったふりをしないのが、一番誠実なのだと思います。

誠実な大人に触れると、子どもはみんなかわいくなります。自分の思いをちゃんと聞いてくれた大人を、信じるようになるからです。

第2章

深い学びにつなげる

子どもの言葉を価値づけるのが教師の仕事

▽無意識に使っている言葉を説明する

子どもに新しい言葉を教えるとき、とにかく授業で何度も説明してわからせようとする教師がいます。もちろん教えないとわからない言葉もありますが、思考を表現するような言葉は子どもたちが自然に使っていることも多いのです。

しかし、子どもは感覚的に生きているので、発言もとても感覚的です。**彼らが無意識に使っている言葉に対して「今の使い方はいいよ」「今の言葉はこういうことだよ」と教えていくと、子どもの頭の中にもしっかりと入っていきます。**

たとえば、「まず」や「次に」など順序性を示す言葉があります。このような言葉は幼稚園や1年生の子どもでも、遊んでいるときに自然に使っているものです。

子どもたちで鬼ごっこをしていたら、誰かが「入ーれーて！」とやってきました。子どもたちは遊びを中断して、新しくやってきた子に説明をします。

子ども　じゃあ〇〇ちゃん、まず、こっちの人とじゃんけんして。それが終わったら、次に鉄棒のところに来てね。

彼らは、順序性を示す言葉だなと、意識して使っているわけではありません。状況を話すために、とても自然に「まず」や「次に」を使っています。それを見て、あとで子どもたちに説明するといいのです。

教師　さっきの△△ちゃんのお話の仕方はとても上手だったよ。「まず」と言って順番を決めて、「次に」と言って場所を教えたでしょ。これは順番を表す言葉です。意識して使えるようになると人に話を伝えやすいから、黒板に書いておくね。

このようにあとから価値づけしてあげると、子どもが理解できるようになります。

認知行動科学や認知心理学でも言われていることですが、人は経験や体験のないものをいくら教えられても、使うことができません。だから、まずは自然に使う場面を設定して活動の中でひき出し、それを価値づけていくようにするのです。

▽入学前からちゃんと数字を知っている

言葉に限ったことではありません。算数の勉強もゼロからやっているわけではなく、学校に上がる前から、子どもたちは生活の中で数を見たり学んだりしています。

1年生の算数の最初の授業では「10までの数」をやりますが、生まれて初めて数字を見る子どもはいません。ところが、小学校の先生の中には「10までの数もまだちゃんと習っていないのに、大きな数はわからないでしょ」という頭の固い人もいます。

いえいえ、そんなことはありません。子どもたちは幼稚園や保育園のころから、10より大きな数字を見聞きしています。お風呂で100まで数えています。それに、入学式の日には「出席番号21番の人、ここに並んで」と言われていたりするわけです。

本当は生活の中である程度は知っている。でも「あらためて10までの数を見直すことで、数の概念をしっかりしたものにしていく」という勉強をしているのです。

「語り始めの言葉」を聞き逃さない

▽微妙な気持ちを汲み取る

私の授業では、次々に子どもが自由に発言していきます。どの子を指名するかはその場で考えながら当て、授業を組み立てていきます。

たとえば、当てた子どもが「話を聞いていないな」と思ったときは、次の話題に進まずにみんなが聞くまで戻したり、自分の話はしても友だちの話を聞かない子がいれば、その場で当てて確かめたりして進めます。

気をつけているのは、「でも」「だって」などの子どもの「語り始め」です。

「でも」っていうのは反対の意見を言いたいんだな、「だって」のあとは理由を言いたいんだな、と「語り始め」の言葉で子どもの説明の方向性を予測して、指名するのに役立てていくのです。

クラスによっては、「反対」「賛成」「つけ加え」と宣言してからでないと、意見が言えないところもあります。けれども子どもたちは、「反対ってほどじゃないけど、まったく一緒じゃないんだよな～」という微妙な気持ちになることも多いのです。そんなにきれいに、はっきりと賛成したり、反対したり、つけ加えたりできるものではありません。

だから私は「賛成です」「反対です」「つけ加えます」と宣言して話をすることを子どもに強いることはしません。

▽「でも」には反対意見が、「だって」には理由が続く

子どもに宣言させなくても、**語り始めの言葉で子どもが何を言うか予測できると考えたら、ルールをいろいろつくらないで、自然な状態で、授業を進めていくことができます。**

「でも」には反対の意見があり、「だって」には理由があり、「だったら」は次の話題に

進もうとしています。「だったら」はとりあえず置いておいて、先に「でも」や「だって」と言った子どもの話を聞くようにすれば組み立てやすくなります。

子どもは必ず言葉で表現するわけではありません。表情から伝わる思いも拾います。不安のある子どもは「ん？」と首をかしげたり、隣の子どもをちょんちょんつついたりします。

そういうときには「今のは伝わらなかったかな？」と聞き、わかるまでやりとりを続けることです。「ああそうか」と理解が進んだあとには、たいてい「でもさ」と言う子がいるので、順に話を聞きます。

いずれにせよ、自然なやりとりの中に思考の方向性を示す言葉があるので、それを役立てていくことを意識することが大切なのです。

振り返りの時間を分散して全員参加の授業に

▽ペアトークで見えてくるもの

最近の小学校では、隣の子どもと話をさせる「ペアトーク」が流行中です。これは、隣の子ども同士で発表の練習をさせたり、考えていることを話し合ってもらったりすることを指します。

田中　今の話について、お隣同士で確かめ合ってごらん。

と言うと、隣同士で顔を見合わせて「え、何するの？」と固まっているときがあります。相手が話してくれそうもないので、ノートに向かって何かを書きつづけてごまかす子どももいます。

こんな様子が何組も見えるときには、全体の話題がまだみんなに届いていません。「次へ行ってはダメだな」と、もう一度同じ話題に戻します。ペアトークの間に教師が休憩していてはだめです。子どものたちの参加度を見つめ、話している内容をちゃんと聞きとろうとすることです。

参加度の視点で言うと、たとえば30人の教室で10人が手を挙げていたら、一見活発そうに見えます。でも実は、20人がよくわからず休憩しています。クラスの中の浸透度が高まっていません。

私のバロメーターは「お隣同士で」と言ったときに、ドッと堰を切ったようにペアで話を始めることです。言いたくて仕方がなかったという雰囲気で、にぎやかな状態が続いているうちは、理解できているので問題ありません。

▽「途中振り返り」の時間を持つ

しかし、「お隣同士でやってごらんなさい」と言ってもざわざわして動かなくなったとき、「これは、授業についてこられてないな」と判断します。そして、「ちょっと戻すよ」と言って話を戻して確かめます。これを私は「途中振り返り」と呼んでいます。

学習指導要領では、「振り返りをしなさい」「まとめをしなさい」と言っています。そのため多くの教師は、45分授業の最後の10分間に振り返りをします。

ところが、それまでの間に何人もの子どもが落ちこぼれているのです。そうならないよう、私は15～20分過ぎたころ、子どもがちゃんとついてきているか確かめるために、ストーリーを振り返ります。内容ではなく、流れや過程を振り返るのが大切です。

田中　ちょっといいかな。最初に問題を書いたよね。そのときA君が「これがわからない」って言って、それについてB君が説明したね。それを聞いてCさんが「え、それは変だよ」となってるところなんだけど、ここまではいいかな？

そうすると、落ちこぼれかけていた子どもたちがカムバックしてきます。

英語のリスニングで一度聞きそびれると、後半が聞けなくなるのと同じことなのです。「あのとき音声を止めて復習してくれたら、後半が聞けたのに」とならないように、**振り返りやまとめを、途中の時間に分散するのです。これによって全員が参加できるようになります。**

▽途中振り返りは、３回を目標に

遠足で子どもたちを連れて歩くとき、教師が後ろを振り向かないと、どんどん間が空いてしまいます。ところが信号で立ち止まって振り返ると、ぐーっと間が詰まってきます。途中で何か所か信号があると集団が追いつくので、またそろって出発できます。

登山だって、休憩がなかったらどんどん間が広がりますよね。そんなときは途中で休憩して、山についての説明をすればいいのです。そうすれば、後ろの人たちが追いついてきます。

授業も同じで、途中で振り返ったときに先生が授業を止めて、「今まではこうだったでしょ」と説明すれば、またスタートラインをそろえることができます。

45分の間に、途中振り返りを3回くらいやりましょう。いつも最後の10分間でやっていた人は、２回にするだけでも難しいかもしれません。しかし、これをやると子どもたちの理解度や集中力はまったく違ってきます。

相手の話に向き合わせる

▽考える力を育てるには

子どもはたいてい、人の話を聞いていません（笑）。聞いていないのに質問をされると、その場しのぎで適当なことを答えることがあります。明らかに教師がたずねたこととは違うことを答える場合もあります。

でも、多くの教師は子どもを傷つけまいとして「なるほど、それもあるかもね。他の意見はありませんか」と進めてしまいます。

表面的にはやさしくしたつもりでしょうが、「なるほど」などと言われたら、当の子どもは「まちがってなかった、これでよかったんだ」と思ってしまいます。こうしたやりとりは修正しなければなりません。

私の場合、子どもに「今、先生はそういうことを聞いたんだっけ？」と返します。その子だけに背負わせず、前の席の子どもにも聞いてみます。「先生がたずねたのはこういうことだった？」と。どちらも「えっ？」という顔をしたら、質問がまだ伝わっていないということがわかります。

考える力を育てるには、まず相手の話したことにちゃんと向き合わせることです。そこから、考える力がついていくのです。

▽曖昧なままにしない

子どもたちの下校中の会話を聞いていると、「たずねる」⇩「たずねられた内容に答える」ことが普通にできています。

子ども１　昨日のあのテレビ見た？

子ども２　うん、見た見た。

ところが、先ほどの授業ではできていませんでした。

子ども1　昨日のテレビ見た？
子ども2　アイスクリームおいしかったよ。

と答えるのと同じくらい、ちぐはぐな会話が授業の中で行われています。それなのに、教師は「なるほど」とか「そういうこともあるね」と言ってしまいます。そういう反応をしてはダメなのです。

シンポジウムなどでも、明らかに質問の内容と答えがくい違っているのに、延々とやりとりが続くことがあります。「変だな、こんな話だったっけ？」と思いながらも誰も言えない。シンポジストでさえよくわかっていない。そのときのお決まりの言葉は「お答えになったかわかりませんが、これでよろしかったでしょうか」。

答えになったかどうかわからないことを言うな、と私は思います。

質問の意図がわからなかったら、何をたずねられたのかもう一度聞けばいいのです。「質問はこういうことですか？」と。すると、曖昧だった質問がはっきりし、正しいやりとりができるようになるのです。

▽ムキになって取り組める材料をつくる

曖昧なことをそのままにするため、日本人は英語が苦手です。税関などでも相手の言っていることがわからないのに、適当に「イエス」や「ノー」と言って大変なことになる場合もあります。相手の意図がわからないときは、適当に答えてはいけません。

子どもたちは、言葉の揚げ足取りや、相手の言っていることの矛盾を突くのが実は大好きです。大人が何か注意すると「私、そういうこと言ってないもん」と口答えします。

親子ゲンカのときだって、彼らは理屈をたくさん言いますね。

「さっきと言ってることが違うじゃん！」「昨日はゆるしてくれたのに、今日はなんでダメなの？」など、ムキになると理屈を言って対抗してきます。特に反抗期の親子ゲンカは、「こうやって言い返してやろう」と常に考えているので、実は思考力がとても鍛えられているのです。

授業でも、ムキになる材料をつくってあげたら、子どもは思考を始めます。ムキになって考える訓練をすることで、論理的思考力が磨かれていきます。

考える力を引き出すヒントの出し方

▽図形問題でのヒントの出し方

長辺が12㎝、短辺が6㎝の長方形に、対角線を引きました。

長辺の端から8㎝の長さをとって、垂直に対辺まで線を下ろし、対角線との交点で長辺との平行線を1本引きます。

AとBの長方形の面積はどちらがどれだけ大きいでしょう（図1）。


子どもたちは「ここが8㎝だから、この長方形の面積は……」と考え始めます。すると、ある子どもが「そんなことしなくてもすぐにわかるよ」と言います。

図1

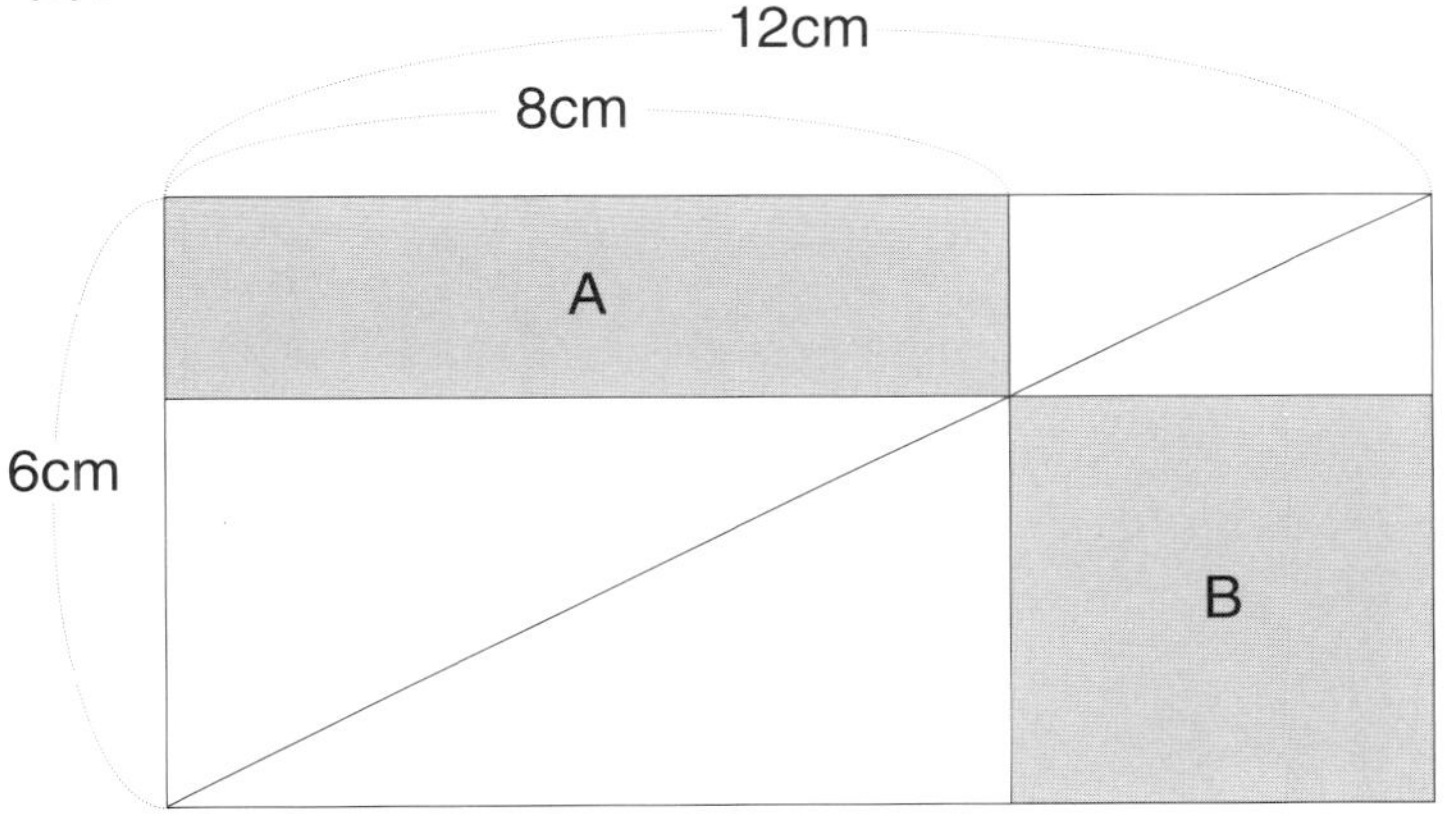

子ども1　え、わかるの？

子ども2　うん、わかった。

子ども3　どういうこと？

子ども2　ここに線が1本あるから、半分になって同じ面積でしょ。そうやって考えたらいいいよ。

子ども1、3　あっ、そうか！

▽みんなが楽しくなるには

四角形の面積は「たて×よこ」なので、みんな必死でたての長さを出そうとしていました。でも質問の内容は、「どちらがどれだけ大きいか」です。対角線を1本引いたら、線の向こうとこちらは同じ面積になります。よく見ると、同じような線が他にもあります。

ここに着目して発想の転換ができた子どもが、「おもしろい！」と思ってみんなにヒントを伝えたのです。

すると、「わかった！」「私も」と同じひらめきと楽しさを味わう子どもが増えていきました。**わかった子どもが全部説明してしまったら、他の子どもはおもしろくありませんが、ヒントを出して学び合えば、みんなが楽しくなります。**

向き合う相手にも、答えを発見するおもしろさを味わわせてあげたいという学びの時間の共有は、彼らの将来にも必ず役立つでしょう。

説明する自分だけが満足するのではなく相手にも同じ発見の喜びを味わわせてあげようとする姿勢は、社会人になり部下を持ったとき、母親や父親になったとき、夫婦で会話するとき、どんなときにも大切にしていくとよい心構えだと思うのです。

図2

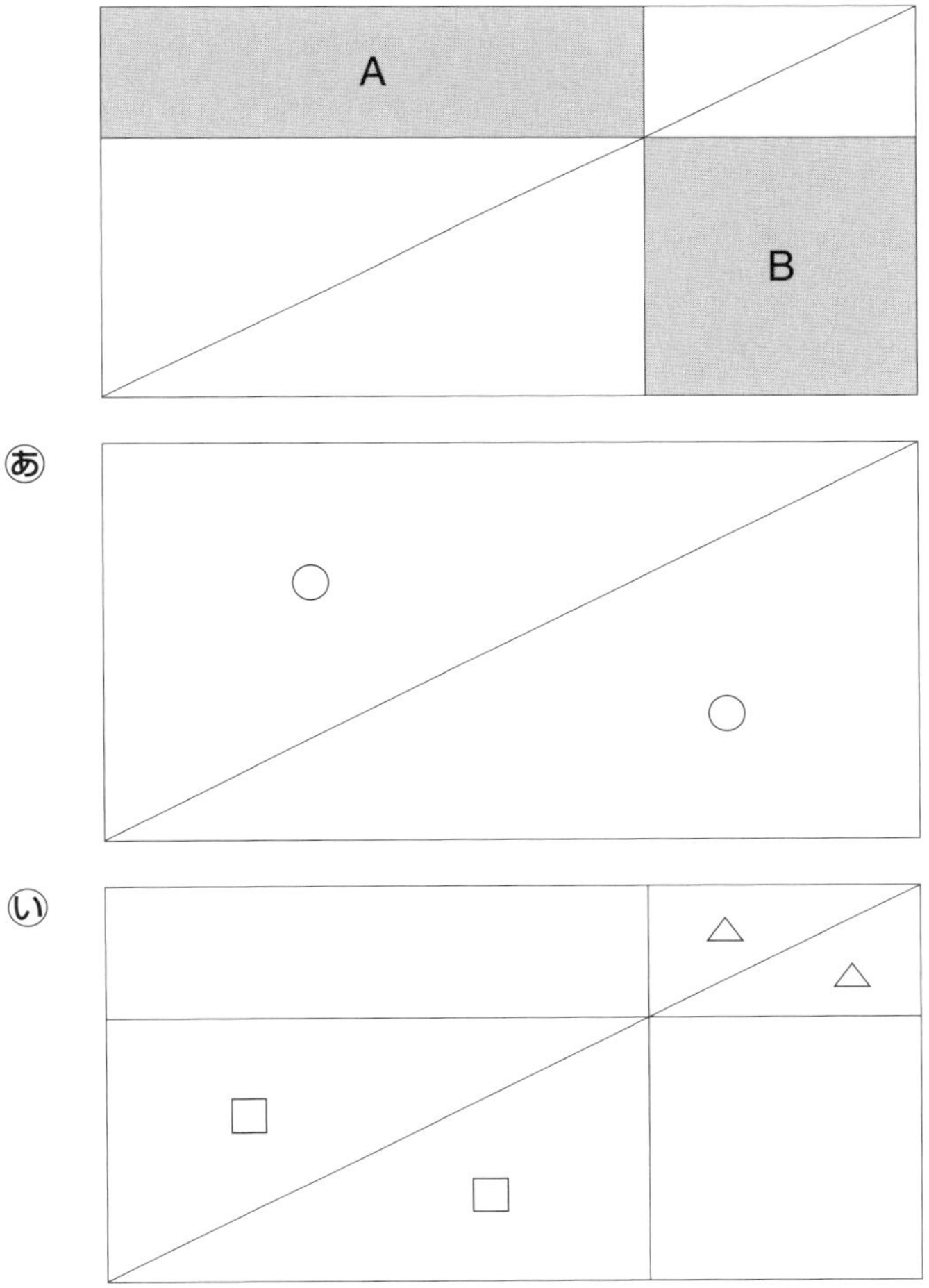

(あ)の○から(い)の△と□をひいたものが A であり B である。
だから、A ＝ B

深い学びとは、新しい見方ができるようになること

▽大事なことは教師が先にしゃべらない

1年生の算数の授業でのことです。

8という数は、1のブロックが8個と数えます。10までの数字を学んだら、10個より2個少ない8個という言い方もできます。

2個ずつのキャンディにすると4つの袋にまとめられるし、角砂糖なら4個を四角くならべて、その上にもう一段同じように乗せたら立方体ができ上がります。

田中　8は単純な数なのに、いろいろな数え方ができるね。

私が教えたら、今度は子どもが言いました。

子ども　先生、８の次は27だね。

８と27は、普通は仲間に見えません。ところが、数を立体で見ようとする子には、この関係が見えるようになります。

角砂糖を、縦・横・高さ３個ずつ積んだら、27個になると気付いたのです。

数をさまざまな角度から見つめていくと、こうした学びがどんどん生まれます。

深い学びとは難しい問題を解くことではなく、すでに知っているものの新しい見方ができるようになることです。

このとき絶対に、教師が先に答えを言ったり説明したりしてはいけません。どうしても大人は説明したくなりますが、大事なことは子どもに話をさせるのです。

▽教師が一歩引くと、子どもはアクティブになる

私は自分の授業でも、説明はしません。

どんな問題でも、引いて、引いて、ボケたりもして、子どもがイライラして「先生、だ

からこうなんでしょ！」と言うのを待ちます。私が引くと、その分子どもたちがアクティブになっていきます。自分たちで問題の筋道を考えるので、実感を持って理解できるようになるのです。

▽説明したくなるのをガマンする

説明したくなったらグッとガマンし、「おっと、これは自分で言ってはダメなんだ」という心構えを持つだけで、日々の授業は変わっていきます。

「あの子たちに言わせよう。さて、そのためにはどう仕向ければいいだろう？」

子どもに言わせたいことがわかると、どうたずねればいいかも見えてきます。つまり、発問へとつながっていくのです。

話し方、たずね方を自分で考え直すと、「1を聞いて10を知る」学び方ができる教師に変わります。おもしろいことに、教師が変われば子どもたちも「1を聞いて10を知る」ことができる子どもたちに変わっていきます。私たちはそういう子どもを育てるために、授業をしているのです。

子ども1　そうか！　先生、次はこうなるよね。

子ども2　わかった！　こっちとつながっているんだね。

子どもから引き出したいのは、このような言葉です。この言葉が生まれる瞬間を、いかに演出できるかが授業のポイントです。

しかし多くの先生は、「ほら見てごらん。これとこれはつながっているでしょう！」と自慢げに答えを示してしまうのです。

先生があれこれ説明した瞬間、子どもたちは「ふーん」となって、途端につまらない空気が流れます。**なぜなら、子どもは「自分が答えを見つけた！」と思う瞬間が一番嬉しいからです。**

教師も上手なヒントの出し方を身につけよう

▽ヒントとは考えるプロセスを伝えること

本校の子どもたちが喜ぶ数遊びゲームに「ジャマイカ」という遊びがあります。５つのサイコロの数を使って2けたの数をつくる遊びです。たとえば、

5　3　3　2　3　→　24　のときは

5、3、3、2、3を使って、24をつくります。足してもひいてもかけても割ってもいいのですが、それぞれの数字は1回しか使えません。順番を入れ替えるのもＯＫです。

子ども1　先生、ヒントください！

田中　最初から24を考える方法もあるけれど、近い数字を考えるといいよ。たとえば30ならできるかなとか、30からいくつひけばいいか、とか。

子ども２　あ、わかった。

田中　じゃあ、次は答えがわかった人がこの先のヒントを出してみようか。

子ども２　えーっと……。これ以上ヒントを出すのは難しいなぁ。

ヒントとは、考えるプロセスを伝えることです。正解を言うのは簡単ですが、そこに至るプロセスを話そうとすると、難しいことに子ども自身が気付きます。

実は教師のほうも、案外ヒントを出すのが下手です。それはいつも1から10まで説明しているからです。ヒントを出すのが下手な教師は「ここが5ということは？　残りは3と？」などと言ってしまいます。こうなると誘導尋問です。

この先、あなたならどんなヒントを出しますか？　考えてみましょう。

▽教師はいくつもプロセスを知っておく

たとえば私は、こんなヒントを出していきます。先ほどの「30ならばできる」と子ども

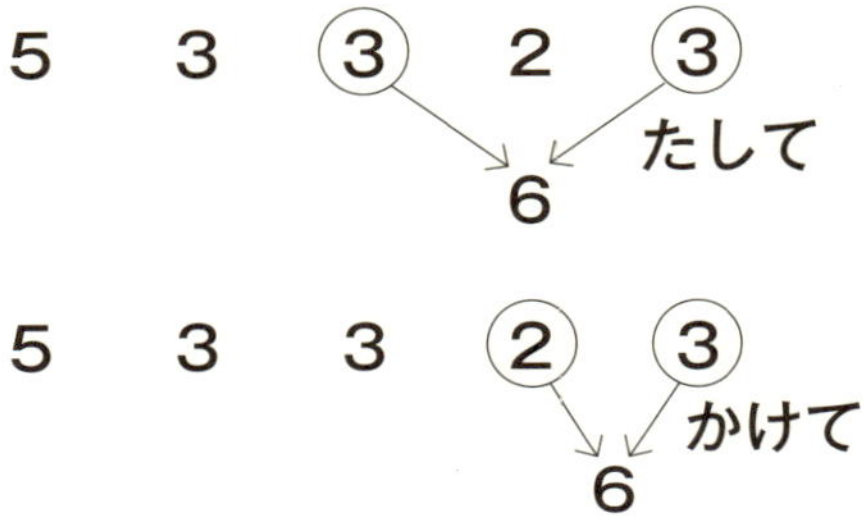

が考えたつづきです。

田中　30から6をひけば24だね。でもこの数字を使って6をつくるにはどうすればいいんだろう？

子ども1　3と3を足す。

田中　足し算で6にするんだね。かけ算でもできるかなぁ……。

子ども2　あ、3×2も6だ。

田中　どっちを使おうか？

子ども1　足し算。

田中　じゃ、残った数字でなんとか30をつくってみよう。

子ども3　5と3と2を全部かける。

田中　ほら、30ができたじゃない。さっき君は何をつくった？

子ども2　6。あっ！　6×5も30だ。

田中　へー、どちらもできるんだね！　すごい!!

この問題はいろいろな進め方が可能です。3と3で6をつくった場合も、3と2で6をつくった場合も、どちらも答えにたどり着くことができます。私は両方のプロセスを瞬時に見ているので、どちらのやり方にも付き合ってあげられるわけです。こういうヒントを自在に出すには、教師側がプロセスをいくつも知っていることが重要です。

子どもは全部が見えているわけではないので、自分がヒントを出したのに、そのヒントによって別の計算方法が出てくることがあります。すると、ヒントを出した子どもが「へー、そういう方法もあるんだ！」と驚いたりします。こうした交流の中で、教室全体がとても活発な雰囲気になっていきます。

田中　教えようと思っていたのに、教えられちゃった。

これは道徳にもつながりますね。

こうした授業ができると、人の話を聞くおもしろさがわかります。**子どもが人の話を聞かないのは、聞くことによって「おもしろい」と感じたことがないからです。**しかし、こうした問題をゲームのように一緒に解いてみると「人の話を聞くっておもしろい！」「思ってもみないことが出てくるね」と理解できます。

その楽しさを実感すれば、おのずと子どもは人の話を聞くようになっていきます。

したがって、教師が上手なヒントの出し方を身につけることはとても大切なのです。

子ども同士で教え合う空気をつくる

▽一度問いを戻す

0 1 2 3 4 5 6 7 8 9

田中　数字を1つずつ書いたカードが10枚あります。このカードを使って、かけ算の九九表の中にある数字をつくってみましょう。

子ども1　先生、よく意味がわかんない。

田中　じゃあ、先生がひとつつくってみるね。

「2」と「4」のカードを取り出し、「24」という数字をつくります。

子ども1　わかった！　あるある。

田中　どこにある？

子ども1　3×8《サンパ》がそうだよ。

子ども2　4×6《シロク》もあるよね。

田中　じゃあ、今度はみんなでやってみよう。

1人の子どもが3と6のカードを選びました。

田中　36でいいですか？

子ども3　ぼく、63のつもりだった。

田中　えっ、63なんてあるかな？

もちろん私は正解をわかっていますが、一度ボケて子どもに問い返します。すると、「63は、ない気がする」という子どもや、「あるよ、わかった！」という子どもが出てきます。私は、わかった子どもが答えを言うのをストップさせました。

▽友だちにも発見の喜びを

田中　ちょっと待って！　みんなの前で答えを言うとまだ気付いてない人が自分で考える楽しみがなくなるね。「あった！」って気付かせてあげよう。どうすればいいと思う？

子ども3　ヒントをあげる！

田中　どんなヒントにしようか。

子ども3　7の段を探してみて！

田中　じゃあ、みんなで7の段を言ってみよう。せーの！

子ども全員　シチイチが7、シチニ14、シチサン21、シチシ28。

田中　あれ？　なさそうだね。

子ども4　先生、もっと先を言わせて！

田中　先に行けばありそう？　ごめん、今どこまで言ったっけ？

子ども4　だから、シチシだよ、シチシ。

田中　そうか、そうか。

私がとぼけながら進めると、子どもたちはうずうずして身を乗り出してきます。

子ども全員　シチゴ35、シチロク42、シチシチ49、シチハ56。

このあたりでもう一度、口をはさみます。

田中　あれ？　ないよ、残念だねぇ。

子ども４　先生、次、次！

田中　じゃあ、次言ってみようか。

子ども全員　シチク63！

教室中が晴れやかな顔です。子どもたち全員で63を見つけられた。これだけでもささやかな感動のシーンが生まれるのです。

この授業では、答えを1人がすべて言ってしまうと、他の友だちが考える楽しみがなくなるという心の教育もしています。別のページでも述べましたが、**「友だちにも発見の喜びを味わわせてあげたい」という子どもが増えていくと、上手に教え合う空気が育っていきます。**

家でもクイズやパズルをやっているとき、親が説明しようとすると、子どもは「答えを言っちゃだめ」と言うでしょう。そのかわり必ず「ヒントを出して！」とも言うものです。そういうバランスを、教室でも大切にするといいのです。

「先生、もう一回やろう！」を言わせる仕掛け

▽前回の失敗を生かして次に進む

68ページのカードゲームには、続きがあります。

最初に「24」と「63」を選んだあと、子どもたちは「15」を選びましたが、そこで行き詰まりました。残るは「0、7、8、9」の4枚です。九九表にある数字は「7」「8」「9」なので6個の数字ができました。「0」のカード1枚が残ってゲームオーバーです。

終わったとたん「先生、もう一回やろう！」と子どもが言い出しました。

田中　じゃあもう一度、最初に先生がカードを選ぶね。

そう言って私は、再び2と4を選びました。次に子どもが3と0を選びます。

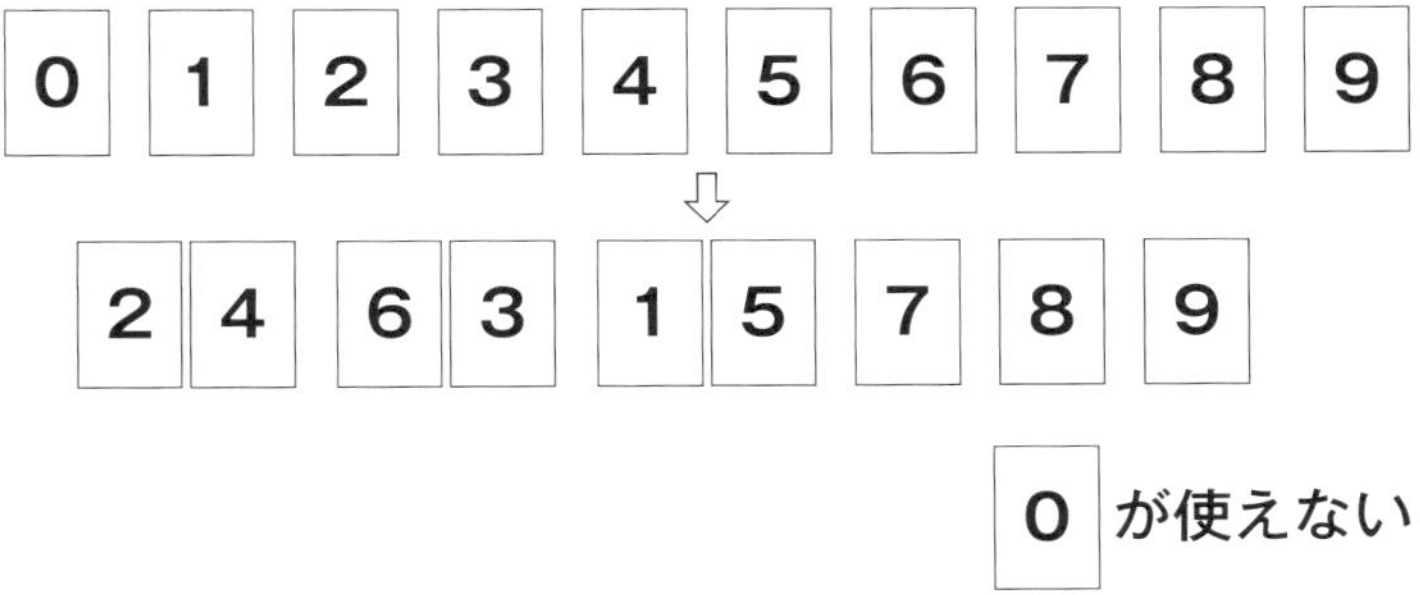

田中　へえ、どうして30を選んだのかな？　理由を教えて。

子ども1　0を早く使いたかったから。

1回目のゲームでの失敗を役立てています。**つまり、失敗にも意味があったわけです。やみくもに試行錯誤するのでなく、前回の失敗を生かして次に進んでいます。**私は30を選んだ子どもをほめました。

田中　1回目の失敗を役立てたのはすごいことだよ。さて、残りは1、5、6、7、8、9のカード。次は何を選ぼうか？

子ども2　1と8。ニク18だから。

子ども3　5と6。シチハ56があるよ。

田中　18と56ね。残ったカードの7と9は2枚一緒に使えないので1枚ずつ。九九の数字が6個できました。6個は1回目と同じだけど、今度は全部のカードを使えたね。

子ども4　でもさ、次はもっと少ない回数でいけるよ。

田中　少ない回数って何回？

子ども4　カードを2枚ずつ使うと、5回でいける。

田中　ようし、5回でできたらすごいね！

　3回目のゲームが始まります。こうして課題が成長していくのです。

　1回目は、「0から9までの数を使って、九九表の中にある数をつくりましょう」という課題でした。カードが1枚残りました。2回目は、「全部のカードを使うことはできないかな」という課題に変わり、前回の失敗を生かしてクリアできました。3回目は、「もっと少ない回数でできないかな」となりました。

　この変化のプロセスを、子どもと対話しながら進めていきます。そしてあたかも自分たちで問題を変化させたかのように思わせるのです。そのとき私は、「できた、できた、おめでとう！」と言うだけです。

▽子どもを困らせる問いかけを

　本当はすべて計画の内ですが、教師の側から「はい、次はこれをしなさい」と言ってしまうと、子どもたちは受け身になります。そうではなく、彼らと対話しながら、「もう一回やろう！」と言いたくなるように仕掛けるのです。

子どもが「５回でできる」と言ったら、「４回でもできるんじゃないの？」と挑発してみるのもいいでしょう。すると、子どもが言うはずです。

子ども　先生、４回は無理だよ。

田中　なんで？

子ども　だって、カードは10枚だよ。２枚ずつで、ニゴ10だから。

多くの教師は、正解へ正解へと導きたがりますが、私はできるだけ子どもを困らせる問いかけをします。困らせて、考えさせて、話をさせてから、「それがわかったあなたたちは素晴らしいんだよ」と教えます。

実はこのゲーム、私が意地悪をして毎回最初に２と４を取っているので、絶対に５回では終わりません。３回目になるとそれに気付く子どもがいます。

子ども　先生、じゃましないで！

田中　どうして？

子ども　２と４は九九にたくさんあるから、最後に使いたい。最初に使っちゃ困るんです。

これだけでも大きな進歩です。こうしたやりとりを子どもたちと楽しむのです。

楽しいストーリーを描き出す授業

▽勉強をおもしろくしよう

前ページまでにやってきた10枚の数字のカードゲームは、いつも「7」と「9」が最後に残ってしまいました。この2枚を、どうにか別のカードとペアで使おうとすると、九九の中から「7」と「9」が入った数字を探す必要があります。頭の中で九九を唱えて探せる子どももいますが、苦手な子どもには「九九表を見てごらん」と言って探してもらいます。

田中 7のつく数字はどこにあるかな？

子ども１　ハック72と、サンク27があるよ。
田中　じゃあ、９のつく数字は？
子ども２　７の段。シチシチ49！
７は２つの数がありますが、どちらも２から引き離されるとひとりぼっち。９は４から引き離されるとひとりぼっち。だから２と４のカードを最初に選ぶと、７と９が残ってしまうわけです。
田中　２と４は、誰とでも付き合える人みたいでしょ。でも７と９は、２と４に見捨てられると生きていけないんだ。なんだかいとおしいヤツに見えてこない？
子ども１　なんか７と９はかわいそう。
子ども２　２と４はモテモテなんだね。

たったこれだけのカードゲームでも、たくさんの勉強ができます。話の持っていき方次第で、ところどころにおもしろいストーリーができ、九九の勉強にもちゃんとつながってきます。**子どもたちが夢中になれば、授業はとても楽しい空間になり、教師もニコニコして待つことができるでしょう。**

Column
02

子どもは自分で考えたい

夏休みの親子喧嘩

夏休みの旅行中のこと。周りを見渡すとたくさんの親子連れ。楽しそうな旅の最中なのに、子どもが泣きべそ。どうやら親子喧嘩かな。

漏れ聞こえてくる子どもの言い分は、「ぼくは聞いていない」「そんなの初めて知った」「ぼくはやりたくない」という言葉。どうやら親子で行うイベントに親が勝手に申し込んだことが原因のよう。小学校の低学年の男の子だった。

そばで聞いていると、この男の子の言い分のほうが筋が通っていて、私は心の中で（お母さん、あなたの負けですよ（笑））と言いたくなるが、そこは突然変なおじさんが乱入しても仕方ないので知らん顔。

少しして、実はすぐそばに父親もいたことに気がついた。さわらぬ神にたたりなしを決め込んでいる。まあ、これはこれで賢いのか。どちらの味方をしても禍根を残すと判断したらしい……。でもスマホをいじりながら事態がおさまるのを待っている父親の表情は明らかに画面には視線を注いでいない。健気なお父さん、頑張れ。応援したくなる。

こうした光景、皆さんの周りでもたくさん起きているのではないでしょうか。

大人と子どもの価値観は一致していない

私は、この原因は子どもたちが小さくてもすでに「自分で考える生き物」だということを大人が認識するのが少し遅いからだと思っています。彼らは体は小さくてもりっぱなひとりの人間。本当は最初は自分で「考えたい」のです。たとえそれが未熟でも。しかし、日々すべてを先に決められてしまう生活を繰り返していると、次第に他を頼るようになってしまいます。

プリントのワークシートや試験問題などのときだけ考えさせようとするけれど、そうはいかないのです。他の人に決めてもらうほうが楽な時間をたくさん過ごしていた子どもは、テストのようなときにも、自分で決めないですぐに他の誰かを頼るようになってしまうのですから。

さて、先ほどの親子喧嘩の話題に戻ります。やはり、せめて参加するイベントぐらい子どもと話し合って決めてもよかったと思います。でも、このぐらいのことはみんな頭ではわかっているはずですが、なぜできないのでしょう。それは大人の価値観と子どもの価値観がまだ一致していないからなのです。

大人はよかれと思って環境づくりにせっせと励むのです。せっかくの親の苦労も、子どもの目から見るとなんでも勝手に決めてしまう大人と映っていて素直に従えなくなるわけです。

本書の中でも繰り返し伝えているように、これは学校でも同じ。担任の先生がいつも「決めてしまっている」クラスの子どもたちも同様に育ち、ストレスがたまると反抗のエネルギーになって返ってくるか、受け身の楽な日々に慣れて覇気のないクラスになるか。

大人はいつもそれを子どものせいにするけれど、そうではないことに気がつくと、見えてくる子どもの姿も変わります。

第3章

対話力を磨く

たったひとつほめられただけで、子どもは変わる

▽「ろ」の字はきれいだな

どんなにやんちゃ坊主でも、反抗期の子どもでも、たったひとつのことをほめられただけで、その大人に対してかわいい姿を見せるようになります。

たとえば4年生のクラスで、ノートがとても乱雑な子どもがいました。どんなに教師が注意してもきれいに書くことができません。私も４月から授業で教えているので、ノートを見ていましたが、たしかにお世辞にもキレイとはいえません。でも、いいところも見つけました。

田中　君の「ろ」の字はきれいだな。なかなかいいよ。なになに、小さいころから「ろ」

だけは得意だったの？

そう言ってほめると、本人はニコニコしています。そのうち、友だちに対しても「俺、『ろ』だけはきれいなんだよ」と言うようになりました。次の授業でもノートを見て回りながら、「今日も『ろ』は調子いいね」と言ったら、彼が言います。

「先生、『り』は？」

「ろ」は丸いところが難しいけれど、「り」なら縦の線が２本並ぶだけです。意識すればすぐにきれいに書けるようになるでしょう。彼自身が努力を始めた証拠です。

▽そばに行ったら話しかける

子どもが努力するきっかけをつかむためにも、まずは１か所でいいからほめましょう。普段ほめられていない子どもなら、それだけでスイッチが入ります。

そして、本人の期待を裏切らないよう、子どもとすれ違うときや、そばに行ったときに話しかけましょう。そうすると、「ぼくはかわいがってもらっている」と思って、その大人の前ではかわいくなるのです。

それは、ツッパリお嬢様もまったく同じです。その昔、ある大学で授業をしていたときのことです。

授業中、ずっと教室の前のほうで話していると学生たちは居眠りをするので、私はしょっちゅう教壇から下りていきます。下りていったときだけ、学生たちは起きてちゃんとしているわけです。その中に、爪を長く伸ばして派手にお化粧をしていて、見かけはちょっとこわそうな女子学生（笑）がいました。でも私が通路を通ろうとすると、その学生は投げ出していた足をちゃんと引っこめました。

「君は心遣いができるんだなぁ」と言うと、彼女はニコッと笑いました。そのあとは私が通ると必ず、かばんをどけたりして心遣いを見せるようになったのです。

「この人は、自分を認めてくれた。この人の前ではがんばろう」と思うのでしょう。かわいいではありませんか。小学生でも大学生でも、大人でも基本は変わりません。

▽自分を認めてくれる人の話を聞く

一方で、その逆も言えます。

子どもは自分を認めてくれた人の注意しか聞かないということです。自分が尊敬する人、この人は自分を認めてくれると思う人の話や注意は、素直に聞きます。そういう気持ちのない人のアドバイスには、反発するか、無視するかです。素直になることができません。どうしてかというと、受け入れる姿勢ができていないからです。それは大人の職場でもよくあることです。「あの上司は、私のことを一目置いてくれている」という信頼があると、上司から厳しく注意を受けても素直に聞くことができます。しかし、「私は評価されていない」と感じる上司からの注意のときは、気分が滅入るだけです。

人と人との関係は、大人も子どもも一緒なのです。もし、子どもたちが先生の話を素直に聞く環境をつくりたいなら、その子どもたちのよいところを自覚させる声かけを、根気よく続けていきましょう。

ところで、ノートが乱雑だった４年生の男子は、今では定規を使って丁寧にノートを書くようになりました。私が「よしよし、だいぶ定規の達人になったなぁ」と言うと、「こっちにも書いたよ」とまんざらでもなさそうです。がさつさが消え、４月のノートと12月のノートではまるで別人のようです。たった1か所ほめただけですが、全部に波及していったのです。

間接的なほめ言葉が効果バツグン

▽子どもはみんなほめられたい

あるタレントさんに子ども時代の話を聞いていたら、「母が井戸端会議で自分の話をしているのが耳に入って、がんばらなきゃいけないと思った」と話していました。

知人 Y君、大きくなったでしょう？

母親 そうねぇ。相変わらずだらだらしてんのよ。でも、不思議と日記だけはちゃんとやるのよね。小さいころからやりつづけてるの。

お母さんが自慢しているから、本人も「日記はやらなきゃまずいかな」と思うわけです。

また、別の日にはリビングでお父さんとお母さんが、小さな声でひそひそ話をしていました。

母親　あの子、妹にはやさしいのよね。がさつなくせに不思議だね。

父親　そうだなぁ。妹への態度はたしかにそうだな。そういえば近所の小さい子の世話もよくするしな。

その会話を聞いて「妹や小さい子にはやさしくしつづけなくちゃ」とも思ったそうです。

こうした間接的なほめ言葉は、子どもに効果バツグンです。

高学年の女子の中には、一見ツンとすましたようなタイプもいます。そういう子どもは直接ほめてもシラッとしたり、みんなの前でほめるとイヤがったりします。でも、本当はほめられたい気持ちはどの子にも必ずあると思うのです。

私は高学年女子に対しては、こんなふうにほめています。

職員室で教務主任と話していたら、６年生の女の子がノートの提出に入ってきました。彼女が用事を終えて部屋を出ていくとき、私は彼女に聞こえるか聞こえないかくらいの声で、教務主任に話しかけます。

田中　あの子は、こういうことを丁寧にやるんだよ。すごく誠実にね。いつもはバタンと閉まる扉の音が、そのときはゆっくりと閉まりました。なぜなら、本人が聞いていたからです。「わたしのこと、もっとほめてくれるかな」と思って、耳をそばだてているのがわかって、かわいく思えませんか。

▽ほめ言葉が伝わるように

親や教師の側も、直接本人をほめることには照れを感じる人もいるでしょう。それでも何らかの形で伝えたいと思ったら、覚えておくとよい方法があります。

ほめ言葉は直接聞くよりも、第三者から伝わってきたときのほうが信憑性が高まります。子どもにとってもっとも効果があるのは、身近な友だちから「あの先生、あなたのことをすごくほめてたよ」と聞くパターンです。そのことを意識して、子どもたちに声かけをしてみるのです。

たとえば、ノートが乱雑な子どもの隣にすわっている女の子に、「最近あいつのノート、きれいになったと思わない？」と言えば、たいてい翌日には伝わっています。「先生、あなたのノートがきれいになったってほめてたよ」と。

この話はこの子にすれば本人に伝わるだろうと意識して、子どもたちと会話をしてみましょう。


ほめるという行為は、実はなかなか難しいものです。

たとえば、帰りの会で「今日は○○さんが、とってもよくお掃除をやっていました。ハイ、みんなで拍手～！」なんてやってしまうと、本当は嬉しくてもみんなの前では言ってほしくないという複雑な気持ちになる子どももいます。特に高学年になると、そのやり方はちょっとデリカシーに欠けます。

教師は、毎日のように子どもをほめたり叱ったりする存在ですが、なんでも全体に向かってやってしまうと、子どもを傷つける場合もあります。

一人ひとりの子どもの個性や、生活の背景を考えながら、声をかけられる先生になってほしいと思います。

叱るときは距離や目線を近づける

▽事実と人格を区別する

若い教師を見ていると「叱り方が下手だなぁ」と思うことがよくあります。一番よくないのは、子どもの人格まで叱ってしまうことです。

「おまえというやつは、いくら言ってもわからないのか！」

こんなふうに叱られると、子どもは自分のことを全否定されたと感じます。**子ども本人と、子どもがした事実は、区別して叱らなければいけません。**

「おまえはいい子なんだけど、やったことが悪いんだよ」

「どうしてこんないい子が、こんなことをしちゃうんだろうね」

このように言えば、子どもは叱られていたとしても「先生は、ぼくのことを大事にしてくれている」と思って、反発はしないと思います。

人格ごと叱ってしまうと、子どもは大人を恨みます。その先生のためにがんばろう、という気持ちまでなくなってしまうのです。そこが大きな失敗です。

新人教師時代に小学2年生の男の子を叱っていたら、学年主任の先生がそばを通りかかりました。そのあと「あなたの叱り方のここがよかったよ」と教えてくれました。

私はそのとき、子どもを膝の中に入れて叱っていました。その事実をもとにして具体的にほめられると「これが大切だったんだ」と実感できるのです。無意識にやっていたことですが、その子どもも自分がかわいがられていると感じてくれたことでしょう。大切なことは、叱り方さえもちゃんと先輩が具体的に教えてあげる場面が必要だということです。

叱るときに大切なのは、こうした物理的な距離や目線です。距離があると、客観的だけれど冷たい感じになります。できれば、近い距離から話すほうがいいでしょう。

小さい子どもの場合は、彼らの目線に降りてあげましょう。教師の目線のほうがちょっと下になるくらいがいいと思います。ただ、異性の子どもを叱る場合は、距離に気をつけなければなりません。しつこく何度も言わないことも大切です。

話し方にマニュアルはない

▽同僚や友だちとコミュニケーションを取る

子どもに受け入れられているかは、何もない時間に子どもが寄ってくるかどうかでわかります。朝や帰り、休み時間に教室の片すみに座っていても、誰も教師のところに寄ってこないこともあります。こういうことは、教育実習生レベルでもあります。

私の学校では、毎年クラスに4人くらいの実習生を預かるのですが、子どもがバーッとむらがっていく学生と、誰も近寄っていかない学生が必ずいます。一概には言えませんが、子どもが近寄らない人は、体から「ひとりぼっち」のオーラが出ている気がします（笑）。

教育実習に来たからといって、突然変わるものではありません。

大学生活を、ずっとひとりで過ごしてきたからかもしれません。LINEでは友だちと話せても、面と向かうと話せないという人もいます。彼女とデートをしていても、行列に1時間並んでいたら話すことがなくなったとか、隣にいるのにLINEでしゃべっているという人もいます。

若い先生たちには、子どもとコミュニケーションを取る前に、まずは自分の同僚や友だちとコミュニケーションが取れているか、見つめ直してほしいと思います。大人との間でできていないのに、子ども同士の間に入れるわけがありません。

▽教師のキャラクターや状況にあわせた話し方を

子どもとの距離感が縮まらない、打ち解けることができないという教師からの相談を受けたことがあります。おそらく、とてもまじめな人なのでしょう。

いろいろな学校でいろいろな先生を見てきましたが、たしかに朝や休み時間に子どもが自然に寄ってくる先生と、子どもが距離を置く先生がいます。たとえばわかりやすいのは、

「です、ます調」でしか話さない先生です。

「どうして忘れものをしたんですか？」と言う人と、「どうして忘れちゃったの？」と言う人とでは、子どもの反応は違います。

しかし、これは相手にもよります。明らかに子どもからなめられているとき、「どうして忘れちゃったの？」などと聞くと「あんたには関係ないでしょ」と、そっぽを向かれてしまうかもしれません。こういうときは毅然とした話し方をしなければなりません。

子どもがすぐにポンと入り込んでくるお友だちのような先生も、叱るときには毅然と接する必要があります。いつもは気軽に接していても、叱るときには「ちょっと、みんなに話したいことがあります」と丁寧な言葉で話してみます。そうすると「おっと、今日の先生はちょっと怖いぞ」と思わせることもできるわけです。

「こういう話し方をすると子どもと仲よくなれる」「こういう話し方では距離が生まれる」というマニュアルはありません。その人のキャラクターによっても違いますし、子どもによっても、状況の変化によっても変わってきます。

たとえば3年B組金八先生は、ずっと「です、ます調」で話しています。それでも子どもたちの中に溶けこみ、叱ったり笑ったりしています。教師のキャラクターによるのです。

▽芸人さんの話術が教師にも必要

最初は、子どもは興味津々、おもしろがって先生に近づいてくるものです。「ねぇねぇ、先生、動物飼ってる？」「先生はどんな俳優が好き？」など……。それが長続きしなくなるのは、そばに行ってもおもしろくないからです。

子どもたちを楽しませることを学んでほしいので、私は芸人さんとのトークショーなどに参加して、「もっとこういう世界を持ってほしい」と伝えています。

芸人さんたちの話術にはすごいものがあります。それに渡り合えるくらいのトークの力が、本当は教師にも必要だと思っているからです。

朝の雑談で全員参加の授業づくりの練習を

▽教師としての対話力を磨く

教卓の周りに集まってくる子どもたちとの雑談は、無駄なようでいて、決して無駄な時間ではありません。

雑談は、子どもたちとの対話の技術を磨く練習になります。5~6人集まると、必ず中心になっておしゃべりをする子どもと、聞いているだけの子どもが出てきます。たった5~6人でさえ、全員と話をするのは難しいものです。

それに気付いたら、黙っている子どもにも「君はどう?」と振ってみます。話を聞いていなかったら「もう一度言ってあげて」とおしゃべりした子どもに戻してみます。

対話力を磨く道場だと思って「あっちの子にもパスを出そう」「この話題は反応が薄いからこっちの話題かな」と考えてみましょう。すると、だんだんみんなで話し合うことができるようになっていきます。

まずは５～６人の集団で全員参加の雑談ができるようになれば、しめたものです。そのやり方を教室全体に広げていけばいいわけです。休み時間のこうしたトレーニングが、全員参加の授業づくりへとつながっていきます。

「そうか、ここに子どもを呼んだらおもしろいな」と思ったら、「朝、先生の周りに来てお話するグループを交代制にしよう。今日は1班、明日は2班が来てごらん」とやってみるのもよいでしょう。

普段は、教師のそばにいたい子どもが来ているけれど、班ごとに呼んでみんなの話を聞いてみます。なにげない雑談をするだけですが、みんなの話を聞いて参加させる練習になりますし、子どもとの関係を密にすることもできます。同時に、教師としての対話力も磨かれていくのです。発想を転換し、「朝のちょっとした雑談」を効果的に使うといいと思います。

計画通りにいかないから、授業はおもしろい

▽準備したものにとらわれない

この本をつくるために話している今も、私は雑談をしながら話をふくらませています。事前に計画も立てますが、その通りに進めるだけでは新しい話題は生まれません。すぐに「私が用意したものはこれでおしまい」となってしまいます。自分の中身も増えません。

私はいつも、相手に質問されることによって、どれだけ話をふくらませられるか、自分で試しているようなところがあります。相手がおもしろいと思えるものを返せなかったら、それまでだからです。授業もそれと同じです。

実は子どもたちも、友だちと話しているときに「こんな考え方もあったんだな」と気付

く瞬間があります。「表現する」とは、今あるものをそのまま出すのではなく、今あるものを人に伝えて、交流するうちに新しい考えを見つけることです。**人とのやりとりで、話はどんどんふくらんでいきます。だから人と話すことはおもしろいのです。**

▽相手の考えを受けとめる

対話で話をふくらませるには、相手の考えをしっかり受けとめることです。受けとめて考え、次の話をつくっていくのです。授業も、用意してきたものでつなぐだけではダメで、子どもたちから出た話題や疑問を受け取って、組み立てていかなくてはなりません。

準備した通りに行おうとすると、用意したものばかりにとらわれてしまいます。たとえば研究授業であらかじめたくさん準備してきた教師は、それを使うことしか頭にないので、子どもが何か言っても「でも、ここにこんなのがあるんだよね」とやってしまいます。

「今日はもう準備したものは使えないな。あきらめるしかない」と思いきれる人が、子どもとよい対話ができる人です。私も研究授業のときには、印刷物をステージの上に置いていますが、結局使わず無駄になるものがいくつもあります。

準備していないところに内容を広げるのは、勇気がいります。特に若い教師は「こんなに準備したのだから」と、とりあえず使いたくなります。

しかしそれを使ったとき、教室の空気が一気にトーンダウンします。教師自身は満足しても、子どもは自分たちの話を聞いてもらえないのでがっかりしています。そして、授業の空気が重くなって初めて、教師は「どうしてだろう」と気付くのです。

本当は、教師も子どもと同じようなトーンダウンを経験しています。校内研修会で、自分でやりたい方法があったのに、校長先生や研究主任の先生に、

校長　〇〇先生の用意しているものもなかなかいいけれど、こっちでいきましょう。

なんて言われて、希望を聞いてもらえなかった……という経験です。

そのときあなたは、「校長先生は我々の話を聞く気なんて最初からなかったんだな」と思うでしょう。それと同じことを子どもたちにやってしまっているのです。

▽子どもは教師の鏡

あるとき、体育の授業でドッジボール大会をすることになりました。

教師は「みんなで自由に試合の仕方を決めていいよ」と言います。子どもたちが「じゃありーグ戦をやりたい」と提案すると、「時間がないからたくさんの試合は無理」と答えました。ふたを開けたら、教師が前もって準備していたプリントにはトーナメント戦と書かれていて、チームの人数まで決まっていました。

こういうことがあると「なんだ、最初から決めてあるじゃん」と、子どもはがっかりしてしまいます。どんなに未熟な方法でも、自分たちの話を聞いて決めてくれたほうが、嬉しいのです。たとえプリントを準備するにしても、トーナメント戦とリーグ戦の両方をつくっておいて、「どっちがいい？」と選択させるべきです。そうすれば「先生は、私たちに決めさせようとしてくれている」と思うでしょう。

選択肢を示すだけでも、子どもは参加する気持ちが前向きになります。

教師はよく「子どもが聞く耳を持たない」と言いますが、教師が聞く耳を持っていないことのほうが問題です。子どもたちに原因があると思っていても、子どもは教師の鏡です。子どもたちの中に教師自身の姿が映っていると思ったら、我が身を振り返ることの大切さに気がつくでしょう。

子どもの脳みそに汗をかかせよう

▽考えずにすむ時間をなくす

トーク番組では、MC（司会）の人に突然話を振られてしどろもどろになっているひな壇芸人さんを見かけます。前もって準備をしないとそうなってしまうのは、教室の子どもも同じです。

学生時代に授業中、列ごとに指名する先生がいませんでしたか。「今日はこの列」と言われた瞬間、該当者にはスイッチが入ります。会社でも、新入社員が入ってきたら自己紹介をしますが、自分が話をするまでは緊張していても、自分の番が終わったとたん休憩に入って人の話を聞かなくなります。

大人はみんなそういう環境にいたことがあるので、どうしたら追い込まれるか、どうすればゆるむかが、経験的にわかるでしょう。

教室を見ていると、全然聞いていない子どもや考えていない子どもが何人もいます。丁寧な振り返りをしすぎる授業では、ずっと休憩していて最後の10分間黒板をノートに写せばすむと思っている子どももいます。**大切なのは、子どもが考えずにすむ時間をいかになくすかです。**

▽ゆるめず参加させ続ける

私が常に考えているのは、子どもの脳みそに汗をかかせること。

たとえば、授業の合間にも「○○ちゃんのこの提案どう思う？　プリントの隅っこに○か×か書いてごらん」と言ってみます。すると「えっ？」という声が上がります。書こうとすると、考える必要があるからです。

「△じゃダメですか？」とたずねてくる子もいます。そんなときは「△はダメ。賛成か反対のどちらかにしてごらん」と言うと真剣に考え始めます。ただ無難に終わらせようと思っている子どもはたいてい「○」になります。「×」では相手を傷つけると思うからでしょう。

そこでもう一歩追いこんで「○にした理由を言ってごらん」とつけ加えてみます。途端に困った様子です。否定する理由を探すのは簡単ですが、肯定の理由を探すのは案外難しいので、ありきたりなことを答えてしまいます。

子ども　いいアイデアだと思いました。

田中　どこが？

子ども　えーっと、えーっと……。

田中　本当はいいアイデアだと思っていないでしょ（笑）。

この対話だけでも、子どもたちはハッとして考え方が変わっていきます。子どもをいかにゆるめず参加させつづけるか。それが教師の重要な仕事です。

▽体を動かして考えさせる

体を動かして考えさせるのも1つの方法です。授業がピリッとしないときには「全員立ってごらん」と立たせます。

それだけで子どもたちは「何をするんだろう？」とドキドキしています。

田中　今から先生が問題を出します。この丸の中に文字を入れてね。何か1つでも浮かんだら座っていいよ。

〇ん〇う

子ども　あ、わかった！

答えを見つけた子どもから嬉しそうに座っていきます。一方、見つからない子どもは「どうしよう」と考えつづけています。彼らは意外にごまかして座ることができません。座った瞬間当てられると思うので、いつまでも立っています。

田中　どうする？　悩んでいる人にも思いつかせてあげようよ。

ヒントを言う子ども　えーと、今からやる授業だよ！

最初からわからなかった子ども　そうかわかった！　さんすう！

こんなふうにです。ここでもまたヒントを出す練習をしています。普段から子どもたちの脳みそに汗をかかせ、集中させる方法を意識したり、互いに助け合ったりする練習をしておくと、授業で役立つようになります。

いじめの問題も対話で子どもと向き合う

▽どんな気持ちになるか

先日、あるクラスで１人の子どもをいじめたのではないかと思われる事案があり、数人の子どもを私の部屋に呼んで、話を聞きました。

みんなを座らせてから「どうしてそういうことをしちゃったんだろう？」と、順番に話を聞きました。するとある子どもが言いました。

子ども　その子が笑っていたから、喜んでいるのかもしれないと思いました。

田中　そうか、相手はそのとき笑っていたの？

子ども　はい。○○君はいつも変顔とかしてるので、ウケてるみたいに見えたんです。

その子どもが言うことが本当だとすると、その子どもはいじめられていたけれど、そうではないと演出していたのかもしれません。本当はイヤだったのにおどけてごまかそうとするのは子どもにはよくあることですので、もう少し調べてみなければ、本当のことはわかりません。ただ、私はこういう場面でいつも言うことがあります。

田中 やってしまったことを思い出してごらん。その子の教科書に落書きをしたと言ったね。明日、君に対してもやってみよう。どんな気持ちになるか試してみよう。喜ぶってことがあるかもしれないからねぇ……。

私が言うと、その子どもはすぐに答えました。

子ども 実験しなくても、イヤなのはわかります。

田中 え、イヤなの？

子ども ぼくだったらイヤだ。

それはそうでしょう。教科書の表紙にとんでもない落書きがあったのですから。書かれた子どもは「わーっ！」とおどけて見せたようですけど、本当は悲しかったはずです。

ここでもう一度私は聞きました。

田中 君はイヤなのに、○○君は笑ったから平気だったのかな？

子ども　本当は喜んではいないかも……。他の子どもも下を向いています。

田中　そうか。彼が、悲しさを出さないように笑っているとしたら、心の中ではかなり悲鳴を上げてたんじゃないのかな。もう一度聞くよ。君の教科書に落書きをするのはすごくイヤなんだよね？　それはわかるんだよね？

子ども　はい、わかります。

▽家族が喜ぶかどうかを考えさせる

最後に、私は子どもたちに言いました。

田中　今日やったことは、みんなそれぞれに理由があるのでしょう。帰ったら「学校で今日はこういうことをしました」と話すこと。おうちの人にも知ってもらわなきゃ。

子どもたちはそれを聞いて、シーンとしています。

田中　どうしたの？　だって相手は喜んだかもしれないと思っていたんでしょ。そのまま話せばいいじゃない。きっとおうちの人もわかってくれるよ。だから説得すればいい。

子ども　それはダメ。絶対怒られる。

田中　え、怒られる？　ママやパパはきっと君たちの味方だから喜んでくれるよ。

子ども　いや、絶対喜ばない。

ここから私は、モードを切り替えて語調を強めます。

田中　じゃあ、なぜ、おうちの人が喜ばないことをした！

男の子は青ざめ、女の子は泣いています。最後に私はこう言いました。

田中　おうちの人が喜ばないと思うことはするな。それだけだ。いつもそれを考えていれば、どっちがいいかわかるでしょ。明日、自分たちがやることもわかるね。

家族に言いつけると言っているわけではありません。しかし、自分をかわいがってくれる家族は、このことを喜ぶだろうかと考えさせます。すると、彼らは急に素直になっていきます。

いじめの問題はとてもデリケートですが、子どもたちを冷静にさせ、自分を大切に思ってくれている家族が喜ぶかどうかを考えさせるというシンプルなルールです。相手の子どもにも同じように大切に思っている人がいるということも伝えておきたいですね。

Column 03

教師の雑談力向上のために

日本の教師はまじめすぎる

研究授業をするときは、同僚同士で事前に授業を見せ合いますね。それは当たり前なのですが、こういうときに日本の教師はまじめすぎるなぁ、と思います。

何がまじめすぎるかというと、指導案をつくって相手に見せてしまい、ストーリー通りに進めていくところです。これでは何のリアリティもありません。やはり事前授業でも、対話の練習をすることが大切です。ですから私は、子ども役をする人には指導案は見せないようにしています。

指導案を見て授業を受けるのは、ネタバレした推理小説を読むようなもの。どう考えてもおもしろくありません。日本の教育界ではまず授業の形式を重視しがちですが、対話の勉強は、教師自身が仲間や同僚とどんな話ができるのかということを意識するところから始まります。

先生同士でトークの練習をしよう

96ページで朝の雑談の話をしましたが、雑談やトークの力を鍛えるためには、先生同士のグループでも練習することをおすすめします。自分がトーク番組のMCになった気持ちで、他の人をしゃべらせてみるのです。5人くらいが集まると、たいてい1人か2人の人がしゃべっていて、周りはうなずいたりするだけで能動的に参加していません。

そこで、「あなたはどう思う?」と振ってみましょう。突然振られると「え、考えてなかった」と答える人が続出します。追い込まれてもいないし、アイデアを出すことも強要されていないからです。

教室にはそういう子どもがたくさんいます。聞いていなかった場合には、もう一度話を戻して話の輪郭をくっきりとさせ、みんなに話をしてもらいましょう。MC次第で、全員が参加できるかどうかが決まります。トーク番組のMCが、どれだけみんなを参加させようと気を使っていることか。それを見ているだけでも勉強になりますよ。

第4章

対話の授業の進め方

ゆっくり板書し、スタートラインをそろえる

▽出だしでロスタイムをつくらない

黒板に「男の子が８人いました。女の子が４人やってきました。あわせて何人になるでしょう」と文章題を書くとき、普通は一気に書いてしまいます。

すると、みんなが書き終わったころにおもむろに筆箱を出す子どもが出てきたりします。先生はよかれと思って遅い子を待ちますが、早く書き終わった子を長く待たせる状況が生まれています。これではダメなのです。

私はそういうことがないように、授業の最初の板書では「男の子が」と４文字まで書いたら、すぐに子どもの中に入って様子を見回ることにしています。すると、まだ筆箱を出

していない子どもや、前の授業のノートをそのままにしている子どもを見つけることができます。

教卓から動かない先生は、それに気付きません。子どもが書いている途中を見ずに後回しにしてしまうと、そのたびに叱らなくてはいけなくなります。

でも、ちゃんと話を聞いて行動している子どもは退屈になります。こういうところから学級崩壊は起きてくるのです。

私は教室を見て回りながら、出遅れている子どもを見つけると「準備しようね」と声をかけます。先生が中に入

ると子どもは引き締まる。 すると遅れてスタートした子どももやっとノートに向かう。黒板を見ると先生はまだ4文字しか書いていません。これなら追いつけますね。だからスタートがそろいます。

早く書いている子どもも、退屈にはなりません。なぜかというと続きを待っているからです。「続きいくよ」と言って、「8人いました」と板書を再開します。ここではかなり集中力が上がっているので、「女の子が4人やってきました」まで一気に書いてもいい。子どもの様子を見ながら、スピードを考えていきます。

次、「あ」と書くと、子どもが「わかった！　もう先に書いてもいい？」と言うので、「すごいなぁ。先が読めるようになったんだ」とほめてもいいですね。文章題の最後は「あわせて何人になるでしょう」です。

大事なのはスタートラインでロスタイムをつくらず、緊張感を持たせること。最初に取りこぼしていくことが多いのですが、スタートが一番肝心です。

子どもたちのアイデアに付き合う

▽実際の生活や場面で考える

37人で5コースで徒競走をします。何回レースをすればいいでしょう？

子ども1　先生、「37÷5＝7あまり2」だけど、こういうときは、7レースって答えちゃダメなんだよね。2人残るから8レースだね。

田中　じゃあ、最後のレースは2人で走って8レースね。

私が言うと、必ず子どもたちの中から意見が出てきます。

子ども2　それはダメだよ。最後のレース、2人で走るのはかわいそうじゃん。

田中　そうか、最後の人がかわいそうだな。

子ども3　僕はずるいと思う！

田中　それはどうして？

子ども3　だって2人で走ったら1位になりやすいから。

田中　そうか。「ずるい」と「かわいそう」があるんだ（笑）。ではどうしたらいいと思う？

子ども4　1つ前の5人から、1人移ればいいよね。

田中　じゃあ最後のレースは3人になるね。

子ども4　あっ、もう1つ前の組からも1人移れば4人になるよ。

田中　そうすると、5人で走る組が5チームと、4人で走る組が3チームができるね。37という数字は、5×5＋4×3と表すことができます。

子どもたちも、これで平等になると納得すると思ったら、違う意見が出てきました。

子ども5　先生、ちょっと待って。5人のところは最後の子が5位だけど、4人で走れば4位だよね。だったら4人のチームを増やしたほうがいいんじゃない？

田中　それは面白い考えだね。じゃ、4人のチームをもうちょっと増やしてみようか。5人で走るチームから1人ずつ減らすと、4人チームがもう1組できるね。5人チームは1組になる。つまり37＝5×1＋4×8と表すこともできます。ところで、みんなは5人チームで走るほうがいいかい？　それとも4人チームかな？

実際の生活場面を算数で扱うとき、彼らとのこうしたやりとりはとても大切です。普通の算数では「5×7＝35」で2が余りますが、やはり2人だけで走らせる状況にしてはいけないでしょう。**子どもたちと対話しながら条件を変えて考えていくと、本当に生活に役立つ面白い算数になります。**

▽低学年の算数を楽しむ方法

低学年の算数の問題は、多くの子どもが「どうせ足し算や引き算をするんだろう」と思っているのであまり意欲的になりません。また、子どもたちは入学する前から数字に親しんでいるので、たいていのことは知っています。そこで私は次のように問題を出してみました。

田中　公園に男の子が5人、女の子が3人いました。

ここまで言うと、あちらこちらから声が上がります。

子ども1　どうせ５＋３でしょ。８人だよ。

子ども2　先生そんなのいいから、九九やろうよ。

しかし、私もこれくらいではめげません。

田中　みんなで……（間をあけて）……何をして遊んでいるでしょう？

子ども3　えーっ、何それ。算数の問題なの？

田中　でも男の子５人と女の子３人が公園にいたら、何をして遊んでいるか気にならない？

子どもたち　それはそうだけど……。

田中　何してると思う？

子ども4　サッカーかな。

子ども5　えー、サッカーは変だよ。人数足りないし。

子ども6　足りないっていうか、５対３じゃ試合にならないじゃん。

子ども7　でもさ、男の子対女の子とは決まってないよね。

子ども5　そっか。じゃあ１人移ればいいんだ。

子ども8　でも不公平じゃない？　そっちのチームは男の子が４人で、こっちのチームは男の子が1人と女の子が３人。女の子はサッカーが得意じゃないかもしれないでしょ。子どもたちはああでもない、こうでもないと考え始めました。先ほどまで「九九やろうよ」と言っていたのに、５と３の合成分解に夢中になっています。４対４なのでなんとか半分になると思って入れ替えていますが、奇数同士なので絶対に男女が半々にはなりません。何度か黒板でブロックをつかいながらやっていきます。

子どもたち　先生～、これ無理だよ。

（と、やっと気付きました（笑））。

このように、具体的な場面を思い浮かべながら話を組み立てる練習は、実は1年生からでもできるのです。子どもが「つまらない」と思うのは、いつも定番の流れに持っていくから。「どうせ、先生はこれを聞くんでしょ」「きっと今日もこれをやるんでしょ」「今日もまた式を書いて答えを出せばいいんでしょ」と子どもに思わせてしまうから。

私はいつもすぐに式を書かせないで、まずは子どもたちに具体的なイメージを持たせることから始めるようにしています。男の子が５人、女の子が３人いるなら、どんなふうに遊んでいるか。まずは絵を描いてイメージを持たせる。そうするとたいていイメージにはズレが生まれます。算数の課題はその中に必ず生まれてくるので、子どもと一緒に解決していくのです。

▽いつもと違うたずね方をする

話題が変わっていくこのようなやり方は、1年生の文章題や2年生のかけ算でもできます。子どもは、いつもと違うたずね方をされるとドキッとします。いつもは「この問題、解ける人？」と聞きますが、「今当てられたら困る人は？」とたずねてみる。その瞬間に、クラス全体が引き締まります。

「手を挙げないと当たるかもしれない」と思って正直に挙げる子どもと、それでもガマンして挙げない子どもがいます。教師なら誰が不安に感じているか、見ればわかりますね。そこで、手を挙げていないけれど目が不安そうな子にポンと当てます。

子ども9　えっと、わかりません。

田中　あれ？　困ってるじゃん。

子ども9　すみません、手を挙げられませんでした。

田中　みんなにもう一度言うよ。困っていいんだよ。困ることがあるから学校で勉強する

んだ。ここは、困ったことを話していいところだからね。

そうすると、次に「困ったことがある人は？」と聞こうものならドッと手が挙がります。「何に困っているの？」と聞くと、「問題の意味がわかりません」から始まります。こうして授業をやっていくと、みんなが参加しようという気持ちになるのです。

教師の言うことをただ従順に聞くだけではなく、「先生、ここがわからない」と言える空気をどうやってつくるか。

子どもたちのアイデアに付き合ってみると、先生の構え方が変わり、見えてくる世界はガラッと変わります。

自分自身で決めさせる

▽自分でやることが楽しい

国語の授業で漢字を書く練習をしていたとき、ある子どもが言いました。

子ども　先生、なんでこんなに何回も同じ字を書かなきゃいけないの？

田中　将来、漢字を書けるようになるためには練習しなきゃいけないよね。

子ども　僕、こんなにたくさん書かなくても覚えられるよ。

私は「なるほどな」と思いました。そして、クラスのみんなに言いました。

田中　今、習っている新しい漢字を、ノートの上の段に1つずつ書いてごらん。今からその字を書く練習をします。「私はこの字だったら3回書けば覚えられる、この字だったら５回書けば覚えられる」って思う数字を、その漢字の上に書いてみよう。

この段階で、子どもは考え始めます。数字を書き終わった子どもたちに声をかけました。

田中　本当にその回数だけで覚えられる？

子どもたち　うん、覚えられるよ。

田中　よし。では、今書いた数字以上は絶対に書いてはいけません。

子ども　ええ、ちょっと待って！　数字を変えてもいいですか？

自分から数を増やしたら、その時点でもうプラスの作用があります。**先生から勉強を押しつけられてイヤだと思っている子が、変わったのです。自分で自分の勉強の仕方を考えていいとなった瞬間、子どものモチベーションは急速に上がります。**

大人が押しつけているときは、彼らは逃げることしか考えません。子どもに選ばせるゆとりがあると、受け止め方が劇的に変わるのです。自分の考えた回数分だけ漢字練習が終わると、子どもたちは言い始めました。

子ども　先生、すぐテストしてください！

田中　君たち、テスト嫌いじゃん。

子ども　余計なこと言わないで、すぐテストして～。だって忘れちゃうよ。

田中　ごめんな。テストは明日するんだよ。

子ども　えーっ、なんで？

田中　言ったでしょう。これから先もずっと漢字は使えなきゃいけないんだから。明日まで覚えていられるといいね。もう書いたんだからこれ以上は書いちゃダメだよ（笑）。

私がそう言っても、子どもたちは絶対に家で練習してくるでしょう。つまり、大人に言われるままでなく、自分でやることが楽しいのです。

「9時までに寝なさい」と言われるから遅くまで起きているのが楽しいわけで、「ずっと起きていてもいいよ」と言われても、さほど楽しくはありません。こうした気持ちの逆転部分は、楽しさを引き出すことにも、気持ちを引き締めることにも、効果があります。

▽計算プリントを選ばせる

ある日の宿題に、20問の計算プリントを渡しました。

子どもたち　げっ！　こんなにあるの？

田中　誰が全部やれと言った？　その中から10問選んでやってきなさい。

そう言うと、とたんに子どもたちの目つきが変わります。

子ども　先生、10問でいいの？

田中　いいよ。ただし、なぜ自分がその10問を選んだか、説明できるようにしておいで。

そして、提出のときに聞いてみると、子どもたちはそれぞれ面白いことを言います。

子ども１　得意なものを選びました。

子ども２　すぐに暗算で計算できる問題はやりませんでした。

彼らがプリントに向かったときに、何を考えていたのかがよくわかります。同じプリントでも、そこに知的な遊び心があるといいのです。「問題を斜めにやってみた」とか「模様ができるようにやった」などと言う子がいるのも面白いところです。

学校で「私のを見て」と言える状況があるプリントと、嫌々やるプリントでは、取り組み方がまったく違うでしょう。**教師が考えるべきなのは、いかにして彼らに主体性を持たせるか。いかにして子ども自身が考えて取り組む世界をつくるかです。**

いつもと違うやり方をしてみる、先生がボケて子どもにツッコませるなど、このようなスタンスが、先生と子どもとの向き合い方の重要なポイントです。実践すれば、子どもは急に元気になっていきいきとしてきます。

みんながまちがえる問題を出す

▽かけ算の問題をつくる

2けた×2けたのかけ算です。□の中にはどんな数字が入りますか？

$$
\begin{array}{r}
\square\square \\
\times\ \square\square \\
\hline
463
\end{array}
$$

一般的な算数の問題は、問題があって答えを出すものばかりです。答えは1つなので、みんなが発表できるわけではありません。答えが決まっていて問題をつくるのなら、いろいろなやり方があるので大勢の子どもが発表できます。１人で考える時間は取らず、最初からみんなで考えていきます。

田中　この問題、君ならどうする？

子ども１　ええーっと。適当に数字を入れてみる。

田中　いいねぇ。じゃあ先生が見本をやってみるね。上の段から99×99とかかな。

子ども２　先生、それは大きすぎるよ。下の枠をもう少し小さくしないと……。

田中　そうかな。じゃ、どうすればいい？

子ども３　最初に、ひとケタ目が３になるかけ算を探す。

田中　うん、まずそれができるね。９の段でひとケタが３になるものはある？

子ども４　９×７＝63だから７。

田中　あったね。じゃあいけそうだ。

子ども５　でも先生、上の段が99だと、下が10でも９９０になっちゃうよ。

などとみんなで話し合っていきます。わからないときは、とにかくやってみる。そこからちょっとずつ数字を近づけていくのです。

▽アイデアをみんなで出し合う

田中　いくつまで小さくしていく？　上の段は70くらいかな？

子ども1　下が10でも７００だよ。まだまだ小さくしなきゃ。

子ども2　じゃあ、40でいけるんじゃない？

田中　４００と７×９で63。ほら、49×17でできた。

子ども3　ええっ……。先生ちがうよ。まだ大きすぎると思う。

いつも先生が正しいことを言うクラスなら、そのままうなずいて確かめないかもしれません。でも、私のクラスの子どもたちは私を疑うように育っています。だから、私の言葉には絶対に罠があると思っていて、さらに試行錯誤を始めます。

子ども4　４００にするには20×20でしょ。これに近いのは29×17かなぁ。

子ども5　……それだと４９３だよ。まだできない。

子ども6　４６２ならできるのになあ。

子ども7　４６４ならできた。でも４６３はできない。

田中　すごいねぇ、惜しいとこまで来たじゃない。

「～ならできた」というのは、小数や分数の計算でよく使います。たとえば$\frac{1}{3}+\frac{1}{2}$は、このままでは計算できないけれど、分母が6ならできる、という具合です。「４６３はできないけど、４６２ならできる」とか「問題を４６２に変えようよ」というアイデアが子どもたちから出てきました。

実は、答えが４６３になるかけ算は誰にもつくることができません。４６３は素数だからです。できないので、みんなのアイデアだけを競う時間になります。

田中　どうやったって、４６３にはならないんだよ。このような数を素数といいます。素数というのは1とその数しか約数を持ちません。分解しようとさんざん計算してもできない、貴重な数なんだ。君たちはいずれ中学で習うだろうけど、40人で取り組んでも分解できなかった面白い数。だから４６３は忘れないよね。クラス全員で確かめた４６３だから。

算数は、ただ問題を解くだけではつまらないけれど、こうすればみんなでドラマをつくり上げることができます。**何より「解けない」ということも大切な答えなのです。**

子どもたちが課題をつくり変える

▽みんながわかる方法で考える

図のように点が並んでいます。「4つの点を結んで、いろいろな形をつくってみよう」と言うと、子どもたちからたくさんのアイデアが出てきました。その中で、見た目で小さいものを4つ選びます（図1）。

A　細めの平行四辺形
B　正方形
C　少し太めの平行四辺形
D　Aよりさらに細い平行四辺形

図1

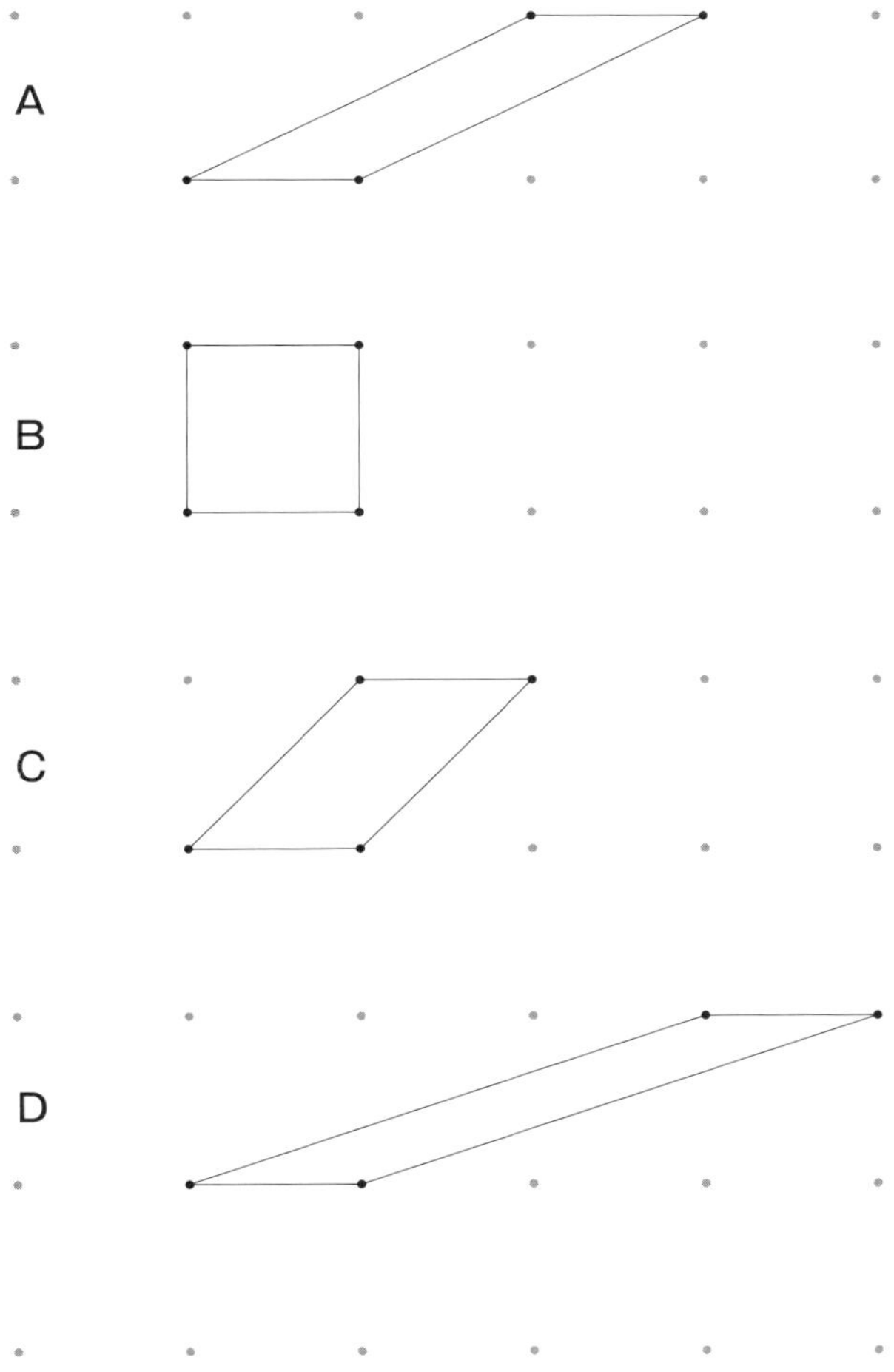

田中　これを、面積が大きい順に並び替えてごらんなさい。

すぐに、子どもたちから意見が出てきました。

子ども1　先生、BとCは同じじゃない？

子ども2　他にも同じものがありそうだよ。

子ども3　でも、先生は大きい順に並べ替えろって言ったよね。

私の質問に反応して、子どもたちが課題をつくり変えようとしています。つまり、教師の説明や流れではなく、「同じものがあるからそれをどうにかしないとダメだよね」と子どもが言うところに、モチベーションが上がるひとつのポイントがあります。

言われたことを粛々とやるのではなく、子どもたちが先生に堂々と意見を言えることが大事です。そこで私はわざと、とぼけます。

田中　面積が同じものはあるかい？

子ども1　どう見たってBとCは一緒じゃん。

田中　なぜ、一緒だと言えるの？

子ども1　Cのまん中に縦の線を引いて左に引っ越すと、正方形になるよ（図2）。

図2

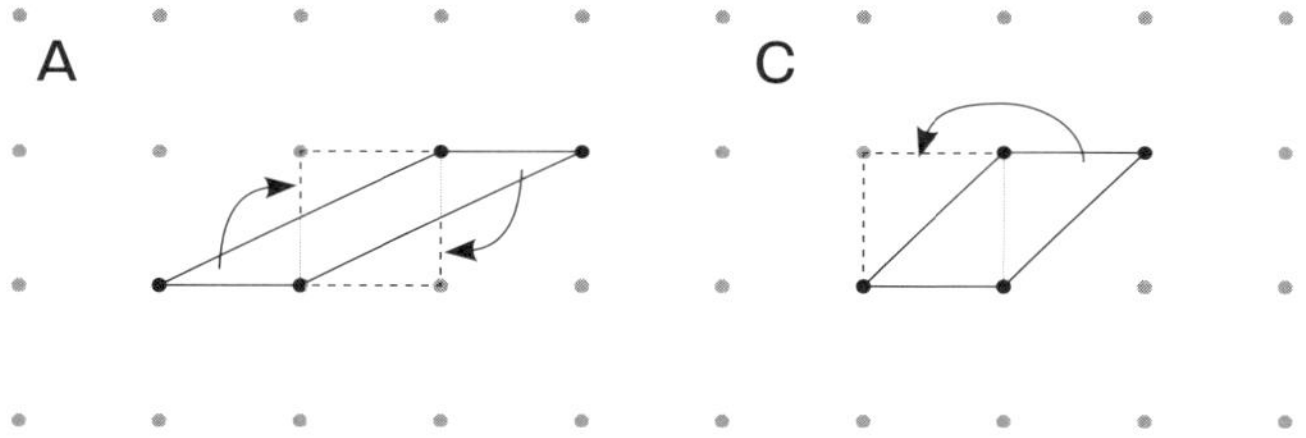

これが、問題解決の第1ラウンドです。5年生で平行四辺形の面積を求める公式を教わりますが、塾に行っている子はすでに知っていて、口をはさんでくる場合があります。

子ども4　先生、全部一緒だと思います。その理由は……。

そこで私は、話そうとする子どもの意見をさえぎります。

田中　今から君が話そうとすることは、4年生がわかる？

子ども4　あ、4年生はまだ無理かも。

4年生は、まだ平行四辺形の公式を習っているわけではありません。塾で習ったことを使おうとする子が話すのを防ぐため、私はいつも「1学年下の人に説明できる？」と聞くことにしています。

「今から君が話そうとすることは、公式を知らない子や塾に行ってない子にもわかる？」と。

するとその子も素直な状態に戻り、みんながわかる方法で考え始めます。

▽対話しながら授業を組み立てる

子ども1　Cはまん中に縦の線を引いて、三角を引っ越すと正方形になる。

子ども3　本当だ、BとCは同じだね。

子ども2　あれ？　AとBも同じかも。下の右の点から垂直に線を引いて、上の左の点からも垂直に線を引くでしょ。切ったら三角が2つできて、ここに入れると真四角になるよ（図2）。

田中　どうしてそう考えたの？

ここが、大きなポイントです。子どものアイデアを聞いて「そうだね」と次に行ってしまう先生がとても多い。大事なのは、今までの勉強をどう役立てたかです。意見が出たとき「どうしてそう考えたの？」と、子どもに質問を投げかけなければいけません。

子ども2　さっき、切って真四角にしたから、私も切って真四角にしようと思ったの。

ちゃんと意見を聞くと、前の子どものアイデアを使ったことがわかります。すると、別の子どもが言い始めました。

図3

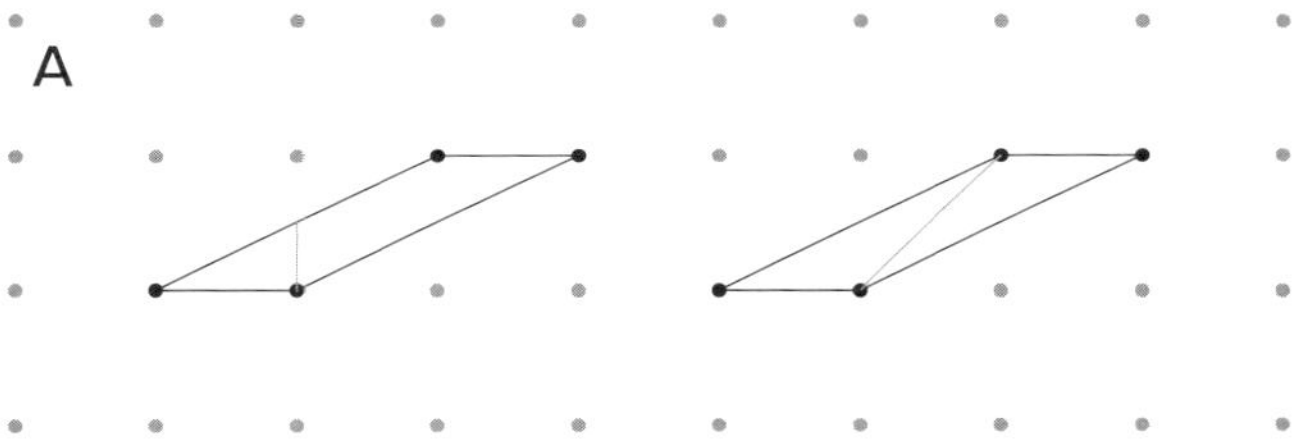

子ども5　ぼくはＡとＣを同じにしようと思ったんだけどな。
田中　どうしてそう考えたの？

これが、対話で授業をつくる面白さです。**予定通りにやるのではなく、子どもたちがどう反応するかによって、その場で教師もやり方を考えていく**のです。

そのときのポイントは、どういう必然で次の流れが生まれたかを確かめること。最初、私は「大きい順に並べてごらんなさい」と言いました。子どもたちは見た瞬間に「大きい順っていっても同じのがあるよね」と気付きました。「まずは、同じものを整理しよう」「そうだね」と、私が出した課題とは違うことが始まったわけです。

「ＢとＣが同じだとわかったから、他を比べよう」と言うと、「ＡとＣも似てるね」という意見が出ました。やってみると、ＡをＣにしようとした子どもと、ＡをＢにしようとした子どもが出てきました（図３）。

Ａの対角線を結んで半分にした子どもに「なぜこうしたの？」と聞くと、「ＣをＢにしたとき、線を引いて半分にしたから」と言います。

一方で、Ａに垂直に線を引いた子どもに「なぜこうしたの？」と聞くと、「正方形におさめるため」と言う子と「垂直に切ると思ったから」と言う子がいます。

つまり、同じものを見ているのに「半分に切る」と思った子ども、「垂直に切る」と思った子ども、「正方形におさめる」と思った子ども、いろいろな考え方が生まれていたのです。

授業というのは、同じものを見たらみんなが同じことを考えるのではなく、「実はいろんな子どもがいる」と考えて進めることが大切です。

▽予定通りに進むだけでは発見がない

子どもと対話をしない先生は、子どもたち一人ひとりの思考の背景に実はいろいろな着眼があることに気付きません。自分の予定通りにやるだけでは教師に発見がないのです。

私自身、ある程度の流れは予想していましたが、まさか子どもたちがこのような「多様

図4

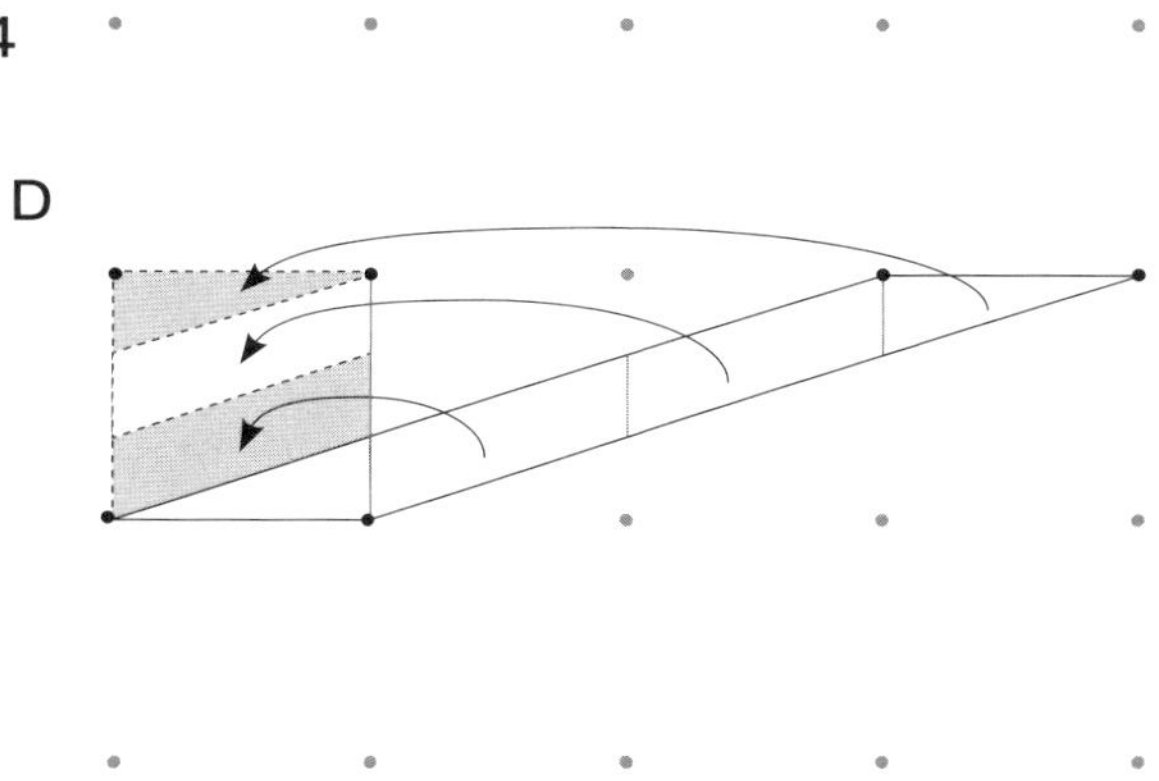

な目のつけ方」をしているとは思っていませんでした。

でも、子どもたちのやり方で進めるとどの図形もきれいに正方形になるのです。

すると、それを見た他の子どもが「偶然じゃないの？」と言いました。でも、Dでやってみても、垂直に3本の線を入れて切り刻むと、正方形におさまります（図４）。

一方で、対角線で半分に切って引っ越しをすれば、DはAに変身します。

「なんだ、先生は大きい順に並べろって言ったけど、本当は全部一緒じゃない？」というストーリーが展開されていきます。

このあとこの問題の解決にまたまた子どもの中から新たなアイデアが生まれてきました。

子ども5　先生、そんな複雑なことをしなくても、私

図5　D

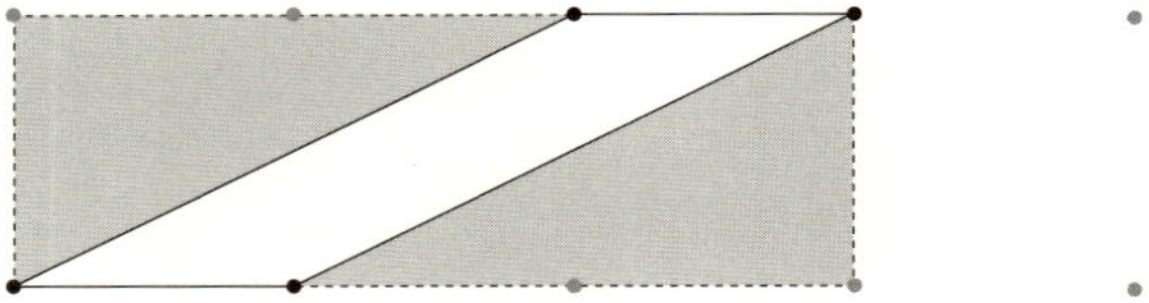

図6　D

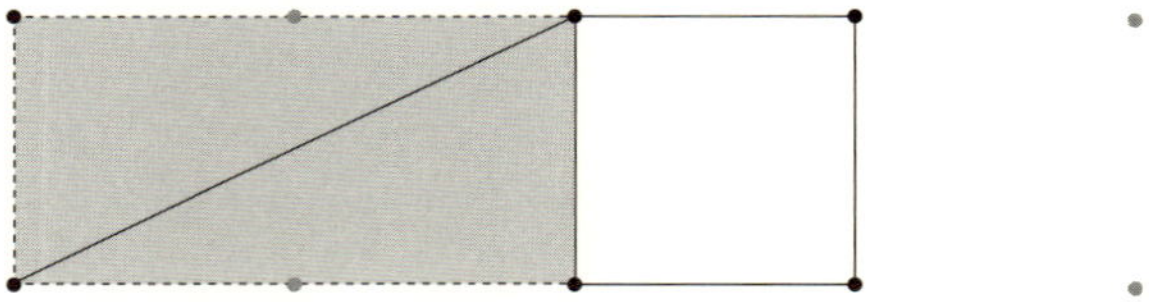

は四角く囲んで全体からこの２つの三角形をひく。そうすると、長方形と直角三角形だけで済むから楽ちんだよ（図５）。

ＡもＣもＤも、外側を長方形で囲めばすべて同じやり方で解決します。さらに、もっと面白い発言をした子どもがいました。

子ども６　先生、四角い枠の中にある右側の三角形を、左側の三角形にぴょんとずらしてくっつけると、必ず正方形が残るよ。だから全部同じ面積だとわかるよ（図６）。

すばらしいアイデアだと思いました。

わからない子どもにも考えさせる

▽考えた理由を必ずたずねる

円を描いて直径に線を引きます。適当なところに点を打って三角形をつくります。その中にもう１本の線を引きました。㋐の角度を求めましょう（図７）。

図７

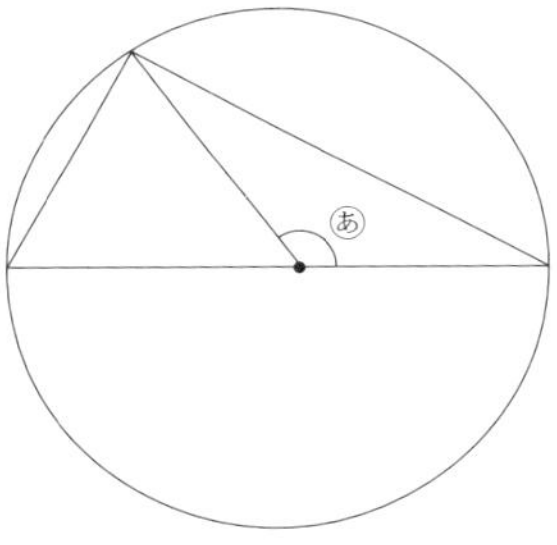

子ども１　先生、それだけじゃ解けません。

田中　えっ、そうかい？　じゃあ、ここの角度を教えてくれたら何とかなりそうっていうところを選んでくれるかな。

子ども2　じゃあ、㋐を教えて！

田中　それは、問題にならないだろ（笑）。

子ども3　じゃあ先生、㋐のとなりの㋑の角度を教えてください。

田中　なるほど、ここを教えたらなぜ解けるの？

ここで普通の先生なら「なるほどね」と言って、すぐに解説してしまいます。**私の場合は「それはなぜ？」と、考えた理由を必ず聞きます。とにかく教師は説明しない。説明するところを子どもに返さないといけません。**

図8

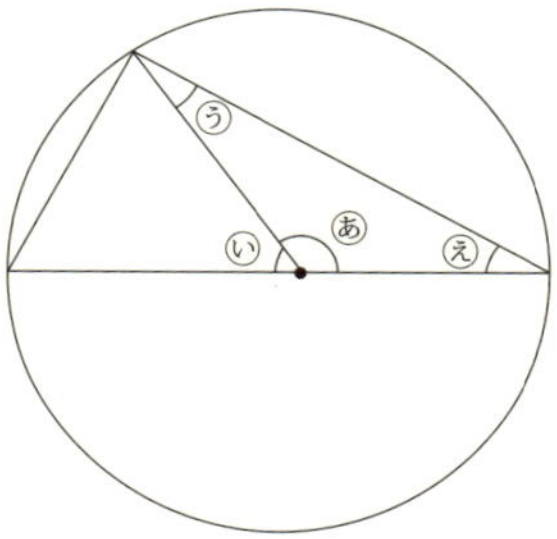

子ども3　直線の角度は180度だから㋑をひくと㋐がわかる。

子ども4　私は右の三角形の㋒の角度がわかれば解ける。

子ども5　えー、それだと㋓もわからないと解けないよ（図8）。

このとき、多くの子どもは「わかった」と言いますが、まだ不安そうな子どもがいます。

私はその子たちの気持ちを代弁します。

田中　そうだね、㋒と㋓の両方がわからないと無理だね。

子ども６　うん、私も１つじゃ無理だと思う。２つ教えてくれないと、解けないよ。三角形の内角の和は１８０度だから、２つわかれば解ける。

子ども４　えっ、そんなことないよ。

ここでいったん、「そんなことないよ」と言った子を止めます。

田中　わからないと言ってる友だちに、「ああそうか！」って思わせたいでしょう？　だから答えは言ってはダメ。どこに目をつけたらいいのか、ヒントを教えてあげよう。

▽答えがわからない子どもにも考えさせる

わかっている子どもが正解を説明すると、他の子どもは聞くだけになります。これは、教師の役割を子どもに変えただけ。わからない子の立場からすれば、環境は変わりません。そうではなく、なんとかわからない子どもにも考えさせるのです。

子ども４　じゃあね、ヒントを出すよ。これは円の中です。円の中なので、同じ長さがどこかにあります。

田中　円の中だから、同じ長さがあるって。どこだろう?

私はとぼけます。ところが、なかなか等しい長さがあることに気付かない子どもがいるのです。円の半径はすべて等しいと低学年のときに学んでいても、問題を解決するときにそれを使えるようになっていないと意味がありません。

子どもが黒板にでてきて半径に色チョークでなぞりながら言います。

子ども4　ほら、こうすると、どの辺も半径だとわかるでしょう?

ここでようやく、わからなかった子どもたちも二等辺三角形だとわかりました。つまり㋒と㋓は同じだということです。

こうして㋒だけがわかれば㋐が出せることを全員が説明できるようになったところで、いよいよ本問題を出します。

田中　じゃあ、今からこの㋔の角度を教えます(図9)。何度くらいだと思う?

図9

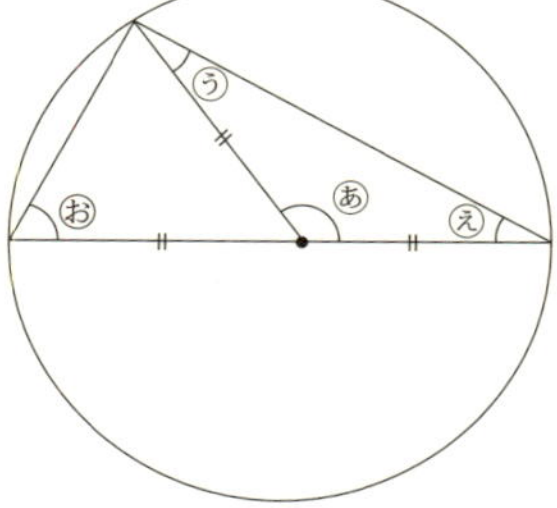

図10

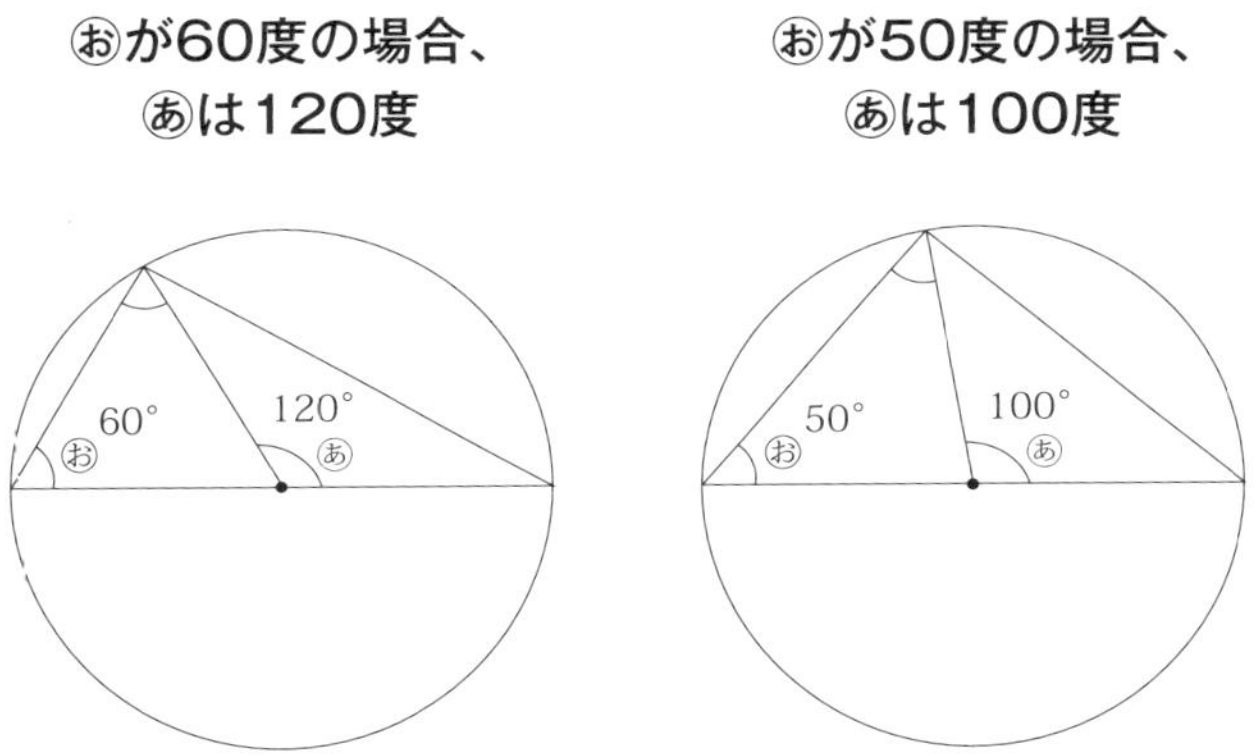

子どもたち　60度か、50度かな。いや、70度かも……。

みんなが予想を始めます。ここからはひとりで解けるかどうかを見ていきます。

田中　じゃあ、この列の人は50度だったら㋐が何度になるか。次の列は60度だったら何度になるか、次の列は70度だったら何度になるか、考えてみよう。

子どもはわからないと隣の子どもの答えを見てしまうので、ここではわざと列ごとに問題を変えました、と表向きは言っておきます。でも本当の目的は別にあります。それはデータを複数にしてきまりを見つけさせるためなのです。

やってみると、㋔の角度が50度の場合、㋐は１００

度。60度の場合は120度、70度の場合は140度になります（図10）。

すると、またここで子どもから声が上がります。

子ども　先生、おもしろいね。答えが、ヒントの角度の2倍になってるよ。

田中　本当だ。すごい偶然だな。

ここで1時間の授業は終わりです。でも実は、授業の最後に新しい課題ができたというわけです。

おわりに

なぜ、授業で「対話」をすることが大切なのでしょうか。

学習指導要領のキーワードに挙がったから取り組む、というような受け身な姿勢ではなく、その本質を私たち教師も自問自答してみましょう。

声を出して相手と交流する対話の場では、リアルタイムに変化していく子どもの姿に即座に対応していくことができます。お医者さんが行う問診とある意味同じ役割が果たせます。

これに対して「書く」という活動では、書いたものを誰かに読んでもらうまでは反応が返ってこないため、対応が遅れます。もちろん、自己内対話の域まで達すると、これはこれで意味がありますが、小学生の子どもの場合は、まずは教師と子どもの対話を通して、物事を考えるということはどういうことなのか、その考えるときの思考の組み立て方の見本を見せるという大切な役割があると思うのです。その過程で実は、ときには教師でさえも子どもの考えに驚き、感動できる瞬間があるものです。

ある日、台形の面積の公式にはどのような意味があるのかを、子どもと考えていたときのこと。台形を４年生で習ったようなL字型に変身させるというDくんがいて、私の頭の中は「？」となってしまいました。

こちらとしては長方形や平行四辺形、さらには三角形に分割するなど既習の図形に変身させてくれることを願っていたのですが、まさかL字型にするなんて……と。習った形にして考えるという点ではたしかに意味があることなので無下にはできないと思いましたが、教師としては戸惑いの瞬間。

しかし、次の瞬間その図形と式を見ていた別の子どもの言葉を聞いてびっくりしたのです。

「台形の公式は、三角形に２つに分けたと考えると底辺×高さ÷２の式が２つあるように見えるでしょ。ほら、こうすると上底×高さ÷２と下底

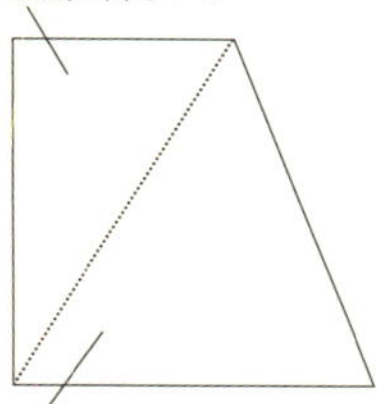

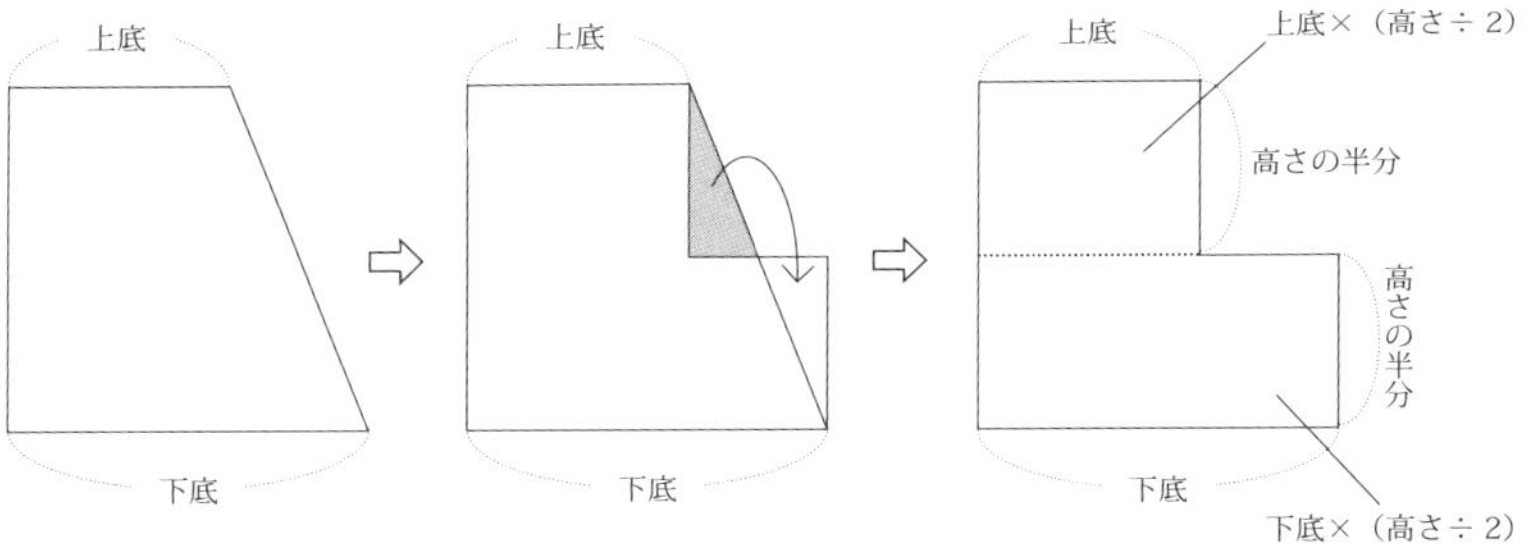

×高さ÷2の2つ。」

ここまではわかります。でもこの次……。

「でもね、Dくんが言ったやり方は三角形2つと見るのではなくて、高さ÷2を高さの半分だと考えるの。すると、上底×（高さの半分）の長方形と下底×（高さの半分）の長方形となるでしょ。そう考えるとほら、DくんのL字型の面積は台形の公式とちゃんと結びつく」と顔を紅潮させて言うのです。

……まいりました。普段、子どもと対話するとき、相手が予期せぬことを言ってもちゃんと価値づけて聞いてあげようと主張していた私なのに。

友だちの意見にちゃんと寄り添い価値づけしてくれる子どもの姿にあらためて深く学んだ時間でした。

子どもたちとの日々には、こんな予期せぬ瞬間がたくさんあります。それをゆっくり、教師もしっかり頭を使って考えて、謎解きしながら対話する時間を楽しみたいものですね。

本書は「対話の技術」とタイトルをつけていますが、技術だけが先を走っても、その技術の裏にある心の持ち方の理解がないと、子どもにとってはただ強い指示を繰り返す嫌みな先生に映るだけです。対話が子どもたちの明日の授業を活き活きと変えるのに役立つことを願って本書を贈ります。

最後になりましたが、本書の構成、執筆にあたっては、長い期間にわたって私のこだわりに最後まで辛抱強く対応していただいた編集協力の菅聖子さん、学陽書房編集部の河野史香さんに心より感謝申し上げる次第です。

２０１９年１月吉日

田中　博史

著者紹介

田中 博史（たなか・ひろし）

1958年生まれ。筑波大学附属小学校副校長。

筑波大学人間学群教育学類非常勤講師、全国算数授業研究会会長、学校図書教科書『小学校算数』監修委員。

子どもの主体性をのばす算数のカリスマ教師として知られる。現役教師として教壇に立つ傍ら、「先生の先生」として海外でも授業や講演を数多くこなす。

NHK教育テレビ「かんじるさんすう1、2、3！」出演、NHK総合テレビ「課外授業ようこそ先輩」出演の他、近年は新宿紀伊國屋ホールにて吉本興業のお笑い芸人とのトークショーを毎年開催している。

主な著書
『子どもと接するときにほんとうに大切なこと』（キノブックス）
『子どもが変わる接し方』
『子どもが変わる授業』（東洋館出版社）
『田中博史の楽しくて力がつく算数授業55の知恵』（文溪堂）等

子ども向け著書
『算数絵解き文章題』
『4マス関係表で解く文章題』
『考える！算数脳 天才パズル空間・図形 入門編・初級編』（学研）監修
『わくわく算数忍者』シリーズ1～7巻（文溪堂）等

子どもが発言したくなる！　対話の技術

2019年2月14日　初版発行
2019年9月12日　4刷発行

著　者――――田中《たなか》 博史《ひろし》
発行者――――佐久間重嘉
発行所――――学 陽 書 房
〒102-0072　東京都千代田区飯田橋1-9-3
営業部――――TEL　03-3261-1111／FAX　03-5211-3300
編集部――――TEL　03-3261-1112
振替口座　00170-4-84240
http://www.gakuyo.co.jp/

編集協力／菅聖子
装丁／スタジオダンク
イラスト／尾代ゆうこ
DTP制作／越海辰夫
印刷・製本／三省堂印刷

 ISBN978-4-313-65363-4 C0037